U0902053

"十三五"国家重点图书出版规划项目

Translation Series on the International Law of the Sea

世界海洋法译丛

亚洲卷

张海文　李红云

·主编·

青岛出版社

《世界海洋法译丛》编译委员会

主　　任　张海文

副 主 任　李红云　张桂红　黄　影

委　　员　王居乔　王　娟　王莘子　宁　佳　白　雪
祁冬梅　刘煜洲　李　杨　张凯月　杨　涛
李晓宁　张　逸　林益涵　岳　霄　赵　沄
赵晓静　敖　梦　梁凤奎　谢　慧　蔡璧岭
（按照姓氏笔画排列）

本卷主编　张海文　李红云

本卷翻译　李　杨　张　逸　岳　霄　王莘子　李红云

本卷校对　李红云　李　杨

《世界海洋法译丛》出版委员会

主　　任　孟鸣飞

副 主 任　张化新　高继民

委　　员　李忠东　刘永贵　李明泽　张性阳　黄　锐
宋来鹏　周静静　宋　磊　张文健　朱凤霞
张　晓　王春霖

前言
PREFACE

从1609年荷兰法学家格劳秀斯发表著名的《海洋自由论》到1994年11月16日《联合国海洋法公约》(以下简称《公约》)生效,海洋法经历了一个漫长而坎坷的发展过程。如今,海洋法已发展成为国际法中内容最新、最完备的一个分支。截至2017年11月,《公约》已成为一个拥有168个缔约国的国际条约。根据《公约》,沿海国家可以拥有自己的领海、毗连区、专属经济区、大陆架;群岛国还可拥有群岛水域。国家在不同的海域中行使不同的主权、主权权利和管辖权。

联合国秘书处海洋事务与海洋法司已将各国政府根据《公约》的有关规定向联合国秘书处交存的文件予以公布,这些文件主要有:(1)沿海国家的有关海图或地理坐标表,注明直线基线、群岛基线;领海、专属经济区和大陆架外部界限的大地基准点。(2)沿海国公布的所有有关无害通过的法律和规章;海峡沿岸国公布的在用于国际航行的海峡中有关过境通行的法律和规章;沿海国在其领海的特定区域内暂时停止外国船舶的无害通过的情况。(3)沿海国家的立法实践。

考虑到我们在海洋法研究、实践以及立法工作上的需要,我们决定将世界各国海洋立法、海洋边界实践以及国际海洋争端解决的经典案例译成汉语,并列为国家海洋局海洋发展战略研究所关于海洋权益与法律问题的系列研究项目之一,逐步编译成册出版,丛书名定为《世界海洋法译丛》。我们的决定得到了联合国秘书处海洋事务与海洋法司的赞同和支持。

本丛书的内容包括世界沿海国家的海洋立法汇编8卷(非洲卷1卷、欧洲卷3卷、美洲卷2卷、亚洲卷1卷、大洋洲卷1卷)、海上边界协定1卷、海洋法争端解决国际案例汇编1卷和海上边界国家实践发展现状4卷,共计14卷。

《公约》生效后,《公约》中包含的原则和规则开始对各国的海洋实践产生重大影响,在各国海洋立法中尤为明显。国内立法是国际法研究的一个重要方面,不仅是一国履行国际义务的实践,还可以为国际习惯法的形成和发展提供证据。本丛书中的沿海国海洋立法系列将沿海国立法分为5个部分,分别是非洲国家、亚洲国家、大洋洲国家、欧洲国家和美洲国家。在每部分中将国家按英文字母先后顺序排列。此系列的翻译原文均为联合国网站公布的各国提交的该国立法英文文本。需说明的是,其中有些立法是从其他语种的官方文本译为英文的。我们在翻译过程中尽量做到忠实原文,对有明显错误的地方作了注释。译文尽量保持原立法的完整性,仅对个别立法中与海洋法无关的内容作了省略,并作出标明。

海洋划界是现代海洋法的重要部分。《公约》对国家主权和管辖海域的规定(增加领海宽度、设立专属经济区这一新制度,重新界定大陆架等)使得各沿海国之间出现了大量的重叠主张。各沿海国家相互之间签署了大量的边界协议,但仍有200多项海洋划界问题亟待解决。海洋划界的发展经历了3个阶段:第一个阶段自18世纪至二战爆发前,见证了沿海国普遍接受将陆地领土主权延伸至领海的历程,形成了一些划界的基本原则。第二个阶段始于第一项领海范围以外海洋划界协定(1942年《帕里亚湾条约》)的出台,进而杜鲁门1945年发布《大陆架公告》,直至1958年《大陆架公约》和1969年《北海大陆架案》,见证了海洋划界向外拓展并涵盖大陆架的过程。第三个阶段自专属经济区概念和大陆架新定义首次引入第三次《联合国海洋法公约》会议谈判案文并最终写进《公约》开始,海洋划界有了新的内涵。本丛书中的海上边界协定部分收录了1942—1991年相关国家之间签订的海洋划界协定。为方便查询,协定按地区分类汇总,如大西洋区域(北大西洋和南大西洋)、加勒比区域、地中海区域、印度洋区域和太平洋区域(东太平洋和西太平洋),每个区域依照国别和划界区域列出协议。

本丛书中的海洋法争端解决案例系列收录了自19世纪末至20世纪初的33个海洋法典型案例,内容编排为7章,涵盖了海洋法主要的案例类型:第一章为基线、海湾和领海类案例;第二章为国际航行海峡类案例;第三章为海洋划界类案例;第四章为渔业和海洋生物资源类案例;第五章为公海刑事管辖权和船旗国管辖权类案例;第六章为航行类案例;第七章为海洋环境类案例。这些案例包含了国际常设法院(Permanent Court of International Justice,2宗)、中美洲法院(Central American Court of Justice,1宗)、国际法院(12宗)和国际海洋法法庭(International Tribunal for the Law of the Sea,7宗)作出的判决及仲裁法庭(10宗)和特别委员会(1宗)作出的仲裁裁决。由于有些涉及海洋法的争议仍在审理当中,因此不排除以后会更新相关审理结果的可能性。

本丛书中的海上边界国家实践发展现状系列旨在广泛传播各国在实践中适用《公约》的现状,为《公约》的实施提供帮助,促进各国统一、一致地适用《公约》规定的复杂而全面的国际规则。此系列包括1982—1994年的双边和多边条约、国内立法及政府照会、宣告和声明,按照国家字母顺序逐一列出。内容涵盖以下事务:领海基线、领海宽度及归属、专属经济区的建立、大陆架的界定、海岸相向或相邻国家间海上边界的划定等。

本丛书的编译工作由张海文主持,北京大学法学院李红云教授及其部分研究生、北京师范大学法学院张桂红教授及其部分研究生以及原国家海洋局国际合作司梁凤奎、祁冬梅、宁佳、蔡璧岭等参与了翻译工作。天津外国语大学黄影讲师负责本丛书的审校工作。丛书的文字翻译是对联合国公开资料的客观展示,以利于国内读者作为资料参考,并不代表编者和出版者认可其观点和立场。在编译过程中由于水平所限,错误在所难免,在此欢迎读者批评指正。

本丛书集合了国内立法和政策、边界协定和国际法案例,为我国了解国际海洋边界的最新进展、熟悉“海上丝绸之路”沿线国家的基本情况以及国际司法和仲裁机构对各类涉海问题的解读和分析提供了权威参考资料，对于推动国际法治、实现海洋强国具有重要的现实意义。我们希望通过《世界海洋法译丛》的编译出版，能对我国研究海洋法的学者和学生、涉海的政府行政主管部门、海洋立法和执法机构提供一些帮助和参考，为我国海洋事业的发展尽绵薄之力。

编译者

2017 年 11 月 28 日

目　录
CONTENTS

巴 林
Bahrain

（英文文本截止于 2010 年 5 月 6 日）

第 8 号法令
（1993 年 4 月 20 日）

第一条

巴林国的领海宽度为 12 海里，从根据 1982 年《联合国海洋法公约》所规定的基线量起。

第二条

毗连区的宽度为 24 海里，从本法第一条所指的基线量起。

第三条

所有大臣在各自的职权之内应履行本法的规定。本法于在政府公报公布之日起生效。

孟加拉国
Bangladesh

（英文文本截止于2009年1月16日）

1974年领水和海洋区域法
（1974年第XXⅥ号法律）

本法宣布领水和海洋区域。

鉴于《宪法》第一百四十三条第（2）款规定，国会可以随时通过法律确定孟加拉国的领水和大陆架；

并鉴于有关领水、大陆架和其他海洋区域的事项要求对这些区域进行宣布；

据此颁布如下法律：

第一条 简称

本法可被称为《1974年领水和海洋区域法》。

第二条 定义

本法中，除非有与上下文相反的内容：

（1）“养护区”指依据第六条设立的养护区；

（2）“毗连区”指依据第四条宣布成为孟加拉国毗连区的公海区域；

（3）“大陆架”指第七条所指的孟加拉国大陆架；

（4）“经济区”指依据第五条宣布成为孟加拉国经济区的公海区域；

（5）“领水”指依据第三条宣布成为孟加拉国领水的海洋区域。

第三条 领水

1. 政府可通过政府公报，宣布在孟加拉国的领土和内水之外为孟加拉国领水的海洋界限，并在通知中规定：

（1）测算上述区域；

（2）其向陆一侧的水域应构成孟加拉国内水的基线。

2. 若构成孟加拉国领土组成部分的单独的岛屿、岩礁或其组合群位于主海岸或基线向海一侧，领水应及于依本条第 1 款的通知宣布的沿该岛屿、岩礁或其组合群海岸的低潮线起算的界限。

3. 孟加拉人民共和国的主权及于领水和领水上空以及该水域的海床和底土。

4. 除享有无害通过权外，外国船舶不得通过领水。

5. 享有无害通过领水权的外国船舶在行使此权利时，应遵守孟加拉国有效的法律和规则。

6. 若政府认为为共和国的安全而有必要，可通过政府公报发布通知，暂停任何船舶在特定领水区域的无害通过。

7. 非经政府的先前许可，外国军舰不得通过领水。

8. 政府可在以下情形采取必要措施：

（1）阻止不享有无害通过权的任何外国船舶通过领水；

（2）阻止和惩罚任何外国船舶在行使无害通过权时违反孟加拉国任何有效法律或规则的行为；

（3）阻止未经政府事前许可的任何外国军舰的通过；以及

（4）阻止和惩罚有损于孟加拉人民共和国安全或利益的任何活动。

解释 —— 本条中“军舰”包括任何用于或可被用于海战目的的水上或水下的船只或舰艇。

第四条 毗连区

1. 邻接领水并从领水的外部界限起算向海一侧延伸 6 海里的公海区域特此被宣布为孟加拉国的毗连区。

2. 政府可以在毗连区内或有关毗连区的方面行使并采取其认为必要的

权力和措施，以防止并惩罚违反和企图违反任何有关如下事项的孟加拉国有效的法律或规章：

（1）孟加拉人民共和国的安全；

（2）移民和卫生；

（3）海关和其他财政事项。

第五条 经济区

1. 政府可以在政府公报上宣布任何与领水相邻的公海区域为孟加拉国经济区，并在通知中规定该区域的界限。

2. 经济区中的一切自然资源，不论其是生物或非生物，在海床和底土上或其下或在水面上或在水体之内，均应专属于孟加拉人民共和国。

3. 本条第 2 款不应被视为影响孟加拉国公民为捕鱼的目的使用非机械推进的船只在经济区内捕鱼。

第六条 养护区

为维持海洋生物资源生产力的目的，政府可以在政府公报上发布通知，在通知中规定邻接领水的海洋区域内设养护区，并在任何如此设立的区域内为该目的采取其认为适合的包括使海洋生物资源免于不加区分地开发、采尽或破坏的措施在内的养护措施。

第七条 大陆架

1. 孟加拉国大陆架包含：

（1）与孟加拉国海岸相邻并在领水界限之外的、直到与海洋盆地或深海海床相邻的大陆边缘外部界限的海底区域的海床和底土；

（2）与组成孟加拉国领土的任何岛屿、岩礁或任何其组合群的海岸相邻的类似海底区域的海床和底土。

2. 受本条第 1 款的限制，政府可以在政府公报上发布通知规定它们的界限。

3. 除依据政府颁发的执照或特许证并遵守其条款外，任何人不得勘探或开发任何大陆架资源或在大陆架界限之内进行任何搜寻或挖掘或从事任何研究：

孟加拉国公民为捕鱼之必要使用非机械推进船只捕鱼则不需要执照或特许证。

解释 —— 大陆架资源包括矿物和其他非生物资源，以及属于定居种的生物，即在可捕捞阶段海床上或海床下不能移动或其躯体须与海床或底土保持接触才能移动的生物。

4. 政府可以在大陆架内建造、维持或操作为勘探和开发其资源所必要的设施和其他装置。

第八条 污染控制

为防止和控制海洋污染并保全与领海相邻的公海海洋环境的质量和生态平衡的目的，政府可以采取其认为合适的措施。

第九条 制定规则的权力

1. 政府可以为执行本法的目的制定规则。

2. 特别是，在不妨害上述权力的普遍性的前提下，这些规则可以规定 ——

（1）任何人在接近或位于领水、毗连区、经济区、养护区和大陆架时的行为规章；

（2）保护、利用和开发经济区资源的措施；

（3）保护海洋生物资源的养护措施；

（4）对大陆架内资源的勘探和开发的管理措施；

（5）为防止和控制公海海洋污染的目的的措施。

3. 在依据本条制定这些规则时，政府可以规定对违反规则的行为处以最长一年的监禁或最高 5000 塔卡的罚款。

外交部第 LT-I/3/74 号通知

（达卡，1974 年 4 月 13 日）

第一条 为行使依据《1974 年领水和海洋区域法》（1974 年第 XXVI 号法律）第三条第（1）款授予的权力，并废止任何相关事项的先前公告，政府宣布：在孟加拉国领土和内水之外而在第二条规定的海洋区域内的水域为孟加拉国领水。

第二条

第一条所指的海洋区域为从第三条所指的基线起算向海一侧延伸 12 海里,其上的每一点向内到基线上的点的最短距离为 12 海里。

第三条

测算向海一侧领水的基线为依次连接如下基点的直线:

基线点	基线点地理坐标	
	北纬	东经
No.1	21°12′00″	89°06′45″
No.2	21°15′00″	89°16′00″
No.3	21°29′00″	89°36′00″
No.4	21°21′00″	89°55′00″
No.5	21°11′00″	90°33′00″
No.6	21°07′30″	91°06′00″
No.7	21°10′00″	91°56′00″
No.8	20°21′45″	92°17′30″

…………

为行使依据《1974 年领水和海洋区域法》(1974 年第XXVI号法律)第五条第 1 款授予的权力,政府宣布:从基线起算延伸 200 海里的公海区域为孟加拉国经济区。

文莱达鲁萨兰国
Brunei Darussalam

（英文文本截止于2009年5月22日）

1982年文莱领水法

第一条 名称

本法可以称为《1982年文莱领水法》。

第二条 领水宽度

1. 据此宣布文莱领水宽度为12海里。

2. 该宽度应按照国际法测算。

第三条 海图的公布

1. 苏丹殿下和国家元首（Yang Di-Pertuan）在其认为必要时可尽快或随时下令公布标明低潮标、基线、文莱领水外部界限的大比例尺海图。

2. 该海图的副本应公布在政府公报中作为一般信息。

第四条 证据

1. 在任何文莱法庭的任何司法程序中，如果对于某一作为或不作为是否发生在文莱领水之内或之外存在疑问，代表部长（Mentri Besar）签署或由其签署的证书应作为证据并且是证书中所陈述的事实的初步证据。

2. 涉及文莱领水的任何成文法应解释为受本法规定的限制。

柬 埔 寨
Cambodia

（英文文本截止于 2009 年 1 月 16 日）

外交部发言人声明
（1978 年 1 月 15 日）

民主柬埔寨外交部要重新审视民主柬埔寨关于民主柬埔寨领海、毗连区、专属经济区和大陆架的立场，这是民主柬埔寨政府一贯正确声明的立场。

1. 民主柬埔寨对其领海行使完全的主权，领海宽度为 12 海里，从基线起算。

2. 民主柬埔寨同时对其领海上空以及领海海床和底土行使该主权。

民主柬埔寨对毗连区行使完全的管制权，毗连区从民主柬埔寨领海外部界限向外延伸 12 海里。

3. 民主柬埔寨有以勘探和开发、养护和管理其专属经济区上覆水域和海床及其底土的一切自然资源为目的专属主权权利，该专属经济区位于民主柬埔寨领海以外并从基线量起延伸 200 海里。

民主柬埔寨对其大陆架，包括其领海以外依其陆地领土的全部自然延伸的海底区域的海床和底土，行使专属的主权权利。民主柬埔寨为勘探和开发、养护和管理海床和底土的一切自然资源的目的对其大陆架行使这些主权权利。

4. 民主柬埔寨所有岛屿均有领海、毗连区、专属经济区和大陆架。

5. 民主柬埔寨政府采取适当步骤以完全保障其主权以及民主柬埔寨对其领海、毗连区、专属经济区和大陆架的权利和利益。

6. 民主柬埔寨政府将根据各具体情况与上述海洋区域的相关方进行谈判。

1978 年 1 月 15 日，于金边（Phnom Penh）

国务院法令
（1982 年 7 月 13 日）

考虑到柬埔寨人民共和国对其领水和大陆架有完全主权和不可侵犯的权利；考虑到柬埔寨人民共和国必须守护其对大海的主权、安全和国防并确保对其领水和大陆架自然资源的最佳开发，以促进国防和重建工作以及人民生活水平的提高，考虑到《柬埔寨人民共和国宪法》，通知政府内阁颁布如下法令：

第一条

柬埔寨人民共和国的完全主权及于在其内水之外并与其海岸和内水相邻的海域，该海域称为柬埔寨人民共和国领水。

该主权同时及于柬埔寨人民共和国领水的上空及其海床和底土。

第二条

柬埔寨人民共和国的领水宽度为从连接海岸的各点和柬埔寨最远岛屿的最远各点的直线基线起算 12 海里（1 海里合 1852 米），这些直线基线沿着低潮标划出。

上述直线基线具体规定在本法附件 1 中。

柬埔寨人民共和国内水是位于柬埔寨海岸和柬埔寨领水基线之间的水域。

第三条

柬埔寨人民共和国领水的外部界限为一条其上每一点到基线上最近点的距离等于领水宽度的线。

在 Kach Kut 岛与柬埔寨和泰国之间陆地边境的终点之间的海洋区域内，柬埔寨人民共和国的领水界限为由 1907 年 3 月 23 日的法国 — 暹罗边界条约（Franco-Siamese Treaty）规定的历史性边境所确定的海域分界线。

第四条

柬埔寨人民共和国的毗连区为其领水之外并与其领水相邻的海域，毗连区的宽度为从柬埔寨人民共和国领水的外部界限起算 12 海里。

柬埔寨人民共和国在其毗连区内行使必要的控制，以便监督柬埔寨人民共和国的安全并防止和检查违反柬埔寨人民共和国海关、财政、卫生、移民法律的行为。

第五条

柬埔寨人民共和国的专属经济区为在其领水之外并与其领水相邻的海域。该区域从测算柬埔寨人民共和国领水宽度的基线起算延伸 200 海里。

柬埔寨人民共和国对勘探和开发、保全和管理其专属经济区的海床和底土及其上覆水域内的有机或无机自然资源，以及其他导致对其专属经济区进行勘探和开发的活动享有主权权利。

在其专属经济区内，柬埔寨人民共和国对设施、装置和人工岛屿以及海洋研究的设立和利用有专属管辖权，并对海洋环境的保全和污染控制有管辖权。

未经柬埔寨人民共和国的事前授权或同意，禁止外国船舶在柬埔寨人民共和国的专属经济区内捕鱼或开发任何形式的自然资源，或进行科学研究。外国船舶获得事前授权或同意后，应当遵守柬埔寨人民共和国有关捕鱼、开发其他自然资源和科学研究的法律和规章，以及其他柬埔寨人民共和国颁发的与之相关的规章，并严格履行合同中规定的全部义务。

第六条

柬埔寨人民共和国大陆架包含其领水以外，依其陆地领土的全部自然延伸并从测算柬埔寨人民共和国领水宽度的基线量起 200 海里的海底区域的海床和底土。

柬埔寨人民共和国为勘探和开发、保全和管理大陆架自然资源的目的对其大陆架行使主权权利。这些自然资源包括矿物资源和其他属于生活在大陆架上的定居种的资源。

柬埔寨人民共和国为勘探、开发的目的或其他目的，有对设施、装置和人工岛屿的设立和利用或在其大陆架上的钻探进行管理的专属权利。

外国人在柬埔寨大陆架上从事的一切活动，不论其目的，均应获得柬埔寨人民共和国的授权或同意，并应遵守柬埔寨人民共和国的法律和规章。

第七条

柬埔寨人民共和国将通过与有利害关系的国家进行谈判的方式，在相互尊重主权、独立和领土完整的基础上，以公平和合乎逻辑的方式解决所有有关海洋区域和大陆架的问题。

第八条

柬埔寨人民共和国将与越南社会主义共和国从文字和宗旨上按照两国于1979年2月18日签署的《和平、友好与合作条约》，就1982年7月7日签署的关于两国历史性水域的协议所确定的两国历史性水域范围内的海洋边界进行谈判并达成协议。

第九条

废除一切违反本法令的规定。

第十条

国防部长、内务部长和相关部长在其适当的领域内负责本法令的执行。

附件1　柬埔寨人民共和国领水界限的基线

柬埔寨人民共和国领水界限的基线由依次连接以下点的线段组成，点的坐标以度、分和十分之一分表示，经度从本初子午线起算。

编　号	地理位置	纬度（北纬）	经度（东经）
1	根据1907年3月23日条约在泰国和柬埔寨人民共和国之间的低潮标上的边界点	11°38.8'	102°54.3'
2	Kack Kusrovie	11°06.8'	102°47.3'
3	Kack Voar	10°14.0'	102°52.5'
4	Poulo Wai	09°55.5'	102°53.2'
5	历史性水域西南界限外海上的点	根据柬埔寨人民共和国1982年7月7日的协议	

中 国
China

（英文文本截止于2012年9月10日）

中华人民共和国领海及毗连区法
（1992年2月25日）

中华人民共和国领海及毗连区法于1992年2月25日经第七届全国人民代表大会常务委员会第二十四次会议通过。

第一条

为行使中华人民共和国对领海的主权和对毗连区的管制权，维护国家安全和海洋权益，制定本法。

第二条

中华人民共和国领海为邻接中华人民共和国陆地领土和内水的一带海域。

中华人民共和国的陆地领土包括中华人民共和国大陆及其沿海岛屿、台湾及其包括钓鱼岛在内的附属各岛、澎湖列岛、东沙群岛、西沙群岛、中沙群岛、南沙群岛以及其他一切属于中华人民共和国的岛屿。

中华人民共和国领海基线向陆地一侧的水域为中华人民共和国的内水。

第三条

中华人民共和国领海的宽度从领海基线量起为12海里。

中华人民共和国领海基线采用直线基线法划定，由各相邻基点之间的直线连线组成。

中华人民共和国领海的外部界限为一条其每一点与领海基线的最近点距离等于 12 海里的线。

第四条

中华人民共和国毗连区为领海以外邻接领海的一带海域。毗连区的宽度为 12 海里。

中华人民共和国毗连区的外部界限为一条其每一点与领海基线的最近点距离等于 24 海里的线。

第五条

中华人民共和国对领海的主权及于领海上空、领海的海床及底土。

第六条

外国非军用船舶，享有依法无害通过中华人民共和国领海的权利。

外国军用船舶进入中华人民共和国领海，须经中华人民共和国政府批准。

第七条

外国潜水艇和其他潜水器通过中华人民共和国领海，必须在海面航行，并展示其旗帜。

第八条

外国船舶通过中华人民共和国领海，必须遵守中华人民共和国法律、法规，不得损害中华人民共和国的和平、安全和良好秩序。

外国核动力船舶和载运核物质、有毒物质或者其他危险物质的船舶通过中华人民共和国领海，必须持有有关证书，并采取特别预防措施。

中华人民共和国政府有权采取一切必要措施，以防止和制止对领海的非无害通过。

外国船舶违反中华人民共和国法律、法规的，由中华人民共和国有关机关依法处理。

第九条

为维护航行安全和其他特殊需要，中华人民共和国政府可以要求通过中华人民共和国领海的外国船舶使用指定的航道或者依照规定的分道通航制航行，具体办法由中华人民共和国政府或者其有关主管部门公布。

第十条

外国军用船舶或者用于非商业目的的外国政府船舶在通过中华人民共和国领海时，违反中华人民共和国法律、法规的，中华人民共和国有关主管机关有权令其立即离开领海，对所造成的损失或者损害，船旗国应当负国际责任。

第十一条

任何国际组织、外国的组织或者个人，在中华人民共和国领海内进行科学研究、海洋作业等活动，须经中华人民共和国政府或者其有关主管部门批准，遵守中华人民共和国法律、法规。

违反前款规定，非法进入中华人民共和国领海进行科学研究、海洋作业等活动的，由中华人民共和国有关机关依法处理。

第十二条

外国航空器只有根据该国政府与中华人民共和国政府签订的协定、协议，或者经中华人民共和国政府或者其授权的机关批准或者接受，方可进入中华人民共和国领海上空。

第十三条

中华人民共和国有权在毗连区内，为防止和惩处在其陆地领土、内水或者领海内违反有关安全、海关、财政、卫生或者入境出境管理的法律、法规的行为行使管制权。

第十四条

中华人民共和国有关主管机关有充分理由认为外国船舶违反中华人民共和国法律、法规时，可以对该外国船舶行使紧追权。

追逐须在外国船舶或者其小艇之一或者以被追逐的船舶为母船进行活动的其他船艇在中华人民共和国的内水、领海或者毗连区内时开始。

如果外国船舶是在中华人民共和国毗连区内，追逐只有在本法第十三条所列有关法律、法规规定的权利受到侵犯时方可进行。

追逐只要没有中断，可以在中华人民共和国领海或者毗连区外继续进行。在被追逐的船舶进入其本国领海或者第三国领海时，追逐终止。

本条规定的紧追权由中华人民共和国军用船舶、军用航空器或者中华人民共和国政府授权的执行政府公务的船舶、航空器行使。

第十五条

中华人民共和国领海基线由中华人民共和国政府公布。

第十六条

中华人民共和国政府依据本法制定有关规定。

第十七条

本法自公布之日起施行。

中华人民共和国政府关于中华人民共和国领海基线的声明

（1996 年 5 月 15 日）

中华人民共和国政府根据 1992 年 2 月 25 日《中华人民共和国领海及毗连区法》，宣布中华人民共和国大陆领海的部分基线和西沙群岛的领海基线。

一、大陆领海的部分基线为下列各相邻基点之间的直线连线：

1. 山东高角（1）	北纬 37°24.0′	东经 122°42.3′
2. 山东高角（2）	北纬 37°23.7′	东经 122°42.3′
3. 镆铘岛（1）	北纬 36°57.8′	东经 122°34.2′
4. 镆铘岛（2）	北纬 36°55.1′	东经 122°32.7′
5. 镆铘岛（3）	北纬 36°53.7′	东经 122°31.1′
6. 苏山岛	北纬 36°44.8′	东经 122°15.8′
7. 朝连岛	北纬 35°53.6′	东经 120°53.1′
8. 达山岛	北纬 35°00.2′	东经 119°54.2′
9. 麻菜珩	北纬 33°21.8′	东经 121°20.8′
10. 外磕脚	北纬 33°00.9′	东经 122°38.4′
11. 佘山岛	北纬 31°25.3′	东经 122°14.6′
12. 海礁	北纬 30°44.1′	东经 123°09.4′
13. 东南礁	北纬 30°43.5′	东经 123°09.7′
14. 两兄弟屿	北纬 30°10.1′	东经 122°56.7′

15. 渔山列岛　北纬 28°53.3′　东经 122°16.5′
16. 台州列岛（1）　北纬 28°23.9′　东经 121°55.0′
17. 台州列岛（2）　北纬 28°23.5′　东经 121°54.7′
18. 稻挑山　北纬 27°27.9′　东经 121°07.8′
19. 东引岛　北纬 26°22.6′　东经 120°30.4′
20. 东沙岛　北纬 26°09.4′　东经 120°24.3′
21. 牛山岛　北纬 25°25.8′　东经 119°56.3′
22. 乌丘屿　北纬 24°58.6′　东经 119°28.7′
23. 东碇岛　北纬 24°09.7′　东经 118°14.2′
24. 大柑山　北纬 23°31.9′　东经 117°41.3′
25. 南澎列岛（1）　北纬 23°12.9′　东经 117°14.9′
26. 南澎列岛（2）　北纬 23°12.3′　东经 117°13.9′
27. 石碑山角　北纬 22°56.1′　东经 116°29.7′
28. 针头岩　北纬 22°18.9′　东经 115°07.5′
29. 佳蓬列岛　北纬 21°48.5′　东经 113°58.0′
30. 围夹岛　北纬 21°34.1′　东经 112°47.9′
31. 大帆石　北纬 21°27.7′　东经 112°21.5′
32. 七洲列岛　北纬 19°58.5′　东经 111°16.4′
33. 双帆　北纬 19°53.0′　东经 111°12.8′
34. 大洲岛（1）　北纬 18°39.7′　东经 110°29.6′
35. 大洲岛（2）　北纬 18°39.4′　东经 110°29.1′
36. 双帆石　北纬 18°26.1′　东经 110°08.4′
37. 陵水角　北纬 18°23.0′　东经 110°03.0′
38. 东洲（1）　北纬 18°11.0′　东经 109°42.1′
39. 东洲（2）　北纬 18°11.0′　东经 109°42.8′
40. 锦母角　北纬 18°09.5′　东经 109°34.4′
41. 深石礁　北纬 18°14.6′　东经 109°07.6′
42. 西鼓岛　北纬 18°19.3′　东经 108°57.1′
43. 莺歌嘴（1）　北纬 18°30.2′　东经 108°41.3′
44. 莺歌嘴（2）　北纬 18°30.4′　东经 108°41.1′

45. 莺歌嘴（3） 北纬 18°31.0′ 东经 108°40.6′
46. 莺歌嘴（4） 北纬 18°31.1′ 东经 108°40.5′
47. 感恩角 北纬 18°50.5′ 东经 108°37.3′
48. 四更沙角 北纬 19°11.6′ 东经 108°36.0′
49. 峻壁角 北纬 19°21.1′ 东经 108°38.6′

二、西沙群岛领海基线为下列各相邻基点之间的直线连线：

1. 东岛（1） 北纬 16°40.5′ 东经 112°44.2′
2. 东岛（2） 北纬 16°40.1′ 东经 112°44.5′
3. 东岛（3） 北纬 16°39.8′ 东经 112°44.7′
4. 浪花礁（1） 北纬 16°04.4′ 东经 112°35.8′
5. 浪花礁（2） 北纬 16°01.9′ 东经 112°32.7′
6. 浪花礁（3） 北纬 16°01.5′ 东经 112°31.8′
7. 浪花礁（4） 北纬 16°01.0′ 东经 112°29.8′
8. 中建岛（1） 北纬 15°46.5′ 东经 111°12.6′
9. 中建岛（2） 北纬 15°46.4′ 东经 111°12.1′
10. 中建岛（3） 北纬 15°46.4′ 东经 111°11.8′
11. 中建岛（4） 北纬 15°46.5′ 东经 111°11.6′
12. 中建岛（5） 北纬 15°46.7′ 东经 111°11.4′
13. 中建岛（6） 北纬 15°46.9′ 东经 111°11.3′
14. 中建岛（7） 北纬 15°47.2′ 东经 111°11.4′
15. 北礁（1） 北纬 17°04.9′ 东经 111°26.9′
16. 北礁（2） 北纬 17°05.4′ 东经 111°26.9′
17. 北礁（3） 北纬 17°05.7′ 东经 111°27.2′
18. 北礁（4） 北纬 17°06.0′ 东经 111°27.8′
19. 北礁（5） 北纬 17°06.5′ 东经 111°29.2′
20. 北礁（6） 北纬 17°07.0′ 东经 111°31.0′
21. 北礁（7） 北纬 17°07.1′ 东经 111°31.6′
22. 北礁（8） 北纬 17°06.9′ 东经 111°32.0′
23. 赵述岛（1） 北纬 16°59.9′ 东经 112°14.7′
24. 赵述岛（2） 北纬 16°59.7′ 东经 112°15.6′

25. 赵述岛（3） 北纬 16°59.4′ 东经 112°16.6′
26. 北岛 北纬 16°58.4′ 东经 112°18.3′
27. 中岛 北纬 16°57.6′ 东经 112°19.6′
28. 南岛 北纬 16°56.9′ 东经 112°20.5′
1. 东岛（1） 北纬 16°40.5′ 东经 112°44.2′

中华人民共和国政府将再行宣布中华人民共和国其余领海基线。

中华人民共和国专属经济区和大陆架法

（1998 年 6 月 26 日第九届全国人民代表大会常务委员会第三次会议通过）

（1998 年 6 月 26 日中华人民共和国主席令第六号公布施行）

第一条

为保障中华人民共和国对专属经济区和大陆架行使主权权利和管辖权，维护国家海洋权益，制定本法。

第二条

中华人民共和国的专属经济区，为中华人民共和国领海以外并邻接领海的区域，从测算领海宽度的基线量起延至 200 海里。

中华人民共和国的大陆架，为中华人民共和国领海以外依本国陆地领土的全部自然延伸，扩展到大陆边外缘的海底区域的海床和底土；如果从测算领海宽度的基线量起至大陆边外缘的距离不足 200 海里，则扩展至 200 海里。

中华人民共和国与海岸相邻或者相向国家关于专属经济区和大陆架的主张重叠的，在国际法的基础上按照公平原则以协议划定界限。

第三条

中华人民共和国在专属经济区为勘查、开发、养护和管理海床上覆水域、海床及其底土的自然资源，以及进行其他经济性开发和勘查，如利用海水、海流和风力生产能等活动，行使主权权利。

中华人民共和国对专属经济区的人工岛屿、设施和结构的建造、使用和海洋科学研究、海洋环境的保护和保全,行使管辖权。

本法所称专属经济区的自然资源,包括生物资源和非生物资源。

第四条

中华人民共和国为勘查大陆架和开发大陆架的自然资源,对大陆架行使主权权利。

中华人民共和国对大陆架的人工岛屿、设施和结构的建造、使用和海洋科学研究、海洋环境的保护和保全,行使管辖权。

中华人民共和国拥有授权和管理为一切目的在大陆架上进行钻探的专属权利。

本法所称大陆架的自然资源,包括海床和底土的矿物和其他非生物资源,以及属于定居种的生物,即在可捕捞阶段在海床上或者海床下不能移动或者其躯体须与海床或者底土保持接触才能移动的生物。

第五条

任何国际组织、外国的组织或者个人进入中华人民共和国的专属经济区从事渔业活动,必须经中华人民共和国主管机关批准,并遵守中华人民共和国的法律、法规及中华人民共和国与有关国家签订的条约、协定。

中华人民共和国主管机关有权采取各种必要的养护和管理措施,确保专属经济区的生物资源不受过度开发的危害。

第六条

中华人民共和国主管机关有权对专属经济区的跨界种群、高度洄游鱼种、海洋哺乳动物、源自中华人民共和国河流的溯河产卵种群、在中华人民共和国水域内度过大部分生命周期的降河产卵鱼种,进行养护和管理。

中华人民共和国对源自本国河流的溯河产卵种群,享有主要利益。

第七条

任何国际组织、外国的组织或者个人对中华人民共和国的专属经济区和大陆架的自然资源进行勘查、开发活动或者在中华人民共和国的大陆架上为任何目的进行钻探,必须经中华人民共和国主管机关批准,并遵守中华人民共和国的法律、法规。

第八条

中华人民共和国在专属经济区和大陆架有专属权利建造并授权和管理建造、操作和使用人工岛屿、设施和结构。

中华人民共和国对专属经济区和大陆架的人工岛屿、设施和结构行使专属管辖权,包括有关海关、财政、卫生、安全和出境入境的法律和法规方面的管辖权。

中华人民共和国主管机关有权在专属经济区和大陆架的人工岛屿、设施和结构周围设置安全地带,并可以在该地带采取适当措施,确保航行安全以及人工岛屿、设施和结构的安全。

第九条

任何国际组织、外国的组织或者个人在中华人民共和国的专属经济区和大陆架进行海洋科学研究,必须经中华人民共和国主管机关批准,并遵守中华人民共和国的法律、法规。

第十条

中华人民共和国主管机关有权采取必要的措施,防止、减少和控制海洋环境的污染,保护和保全专属经济区和大陆架的海洋环境。

第十一条

任何国家在遵守国际法和中华人民共和国的法律、法规的前提下,在中华人民共和国的专属经济区享有航行、飞越的自由,在中华人民共和国的专属经济区和大陆架享有铺设海底电缆和管道的自由,以及与上述自由有关的其他合法使用海洋的便利。铺设海底电缆和管道的路线,必须经中华人民共和国主管机关同意。

第十二条

中华人民共和国在行使勘查、开发、养护和管理专属经济区的生物资源的主权权利时,为确保中华人民共和国的法律、法规得到遵守,可以采取登临、检查、逮捕、扣留和进行司法程序等必要的措施。

中华人民共和国对在专属经济区和大陆架违反中华人民共和国法律、法规的行为,有权采取必要措施,依法追究法律责任,并可以行使紧追权。

第十三条

中华人民共和国在专属经济区和大陆架享有的权利,本法未作规定的,根据国际法和中华人民共和国其他有关法律、法规行使。

第十四条

本法的规定不影响中华人民共和国享有的历史性权利。

第十五条

中华人民共和国政府可以根据本法制定有关规定。

第十六条

本法自公布之日起施行。

中华人民共和国政府关于钓鱼岛及其附属岛屿领海基线的声明

（2012年9月10日）

中华人民共和国政府根据1992年2月25日《中华人民共和国领海及毗连区法》，宣布中华人民共和国钓鱼岛及其附属岛屿的领海基线。

一、钓鱼岛、黄尾屿、南小岛、北小岛、南屿、北屿、飞屿的领海基线为下列各相邻基点之间的直线连线：

1. 钓鱼岛 (1)	北纬 25°44.1′	东经 123°27.5′
2. 钓鱼岛 (2)	北纬 25°44.2′	东经 123°27.4′
3. 钓鱼岛 (3)	北纬 25°44.4′	东经 123°27.4′
4. 钓鱼岛 (4)	北纬 25°44.7′	东经 123°27.5′
5. 海豚岛	北纬 25°55.8′	东经 123°40.7′
6. 下虎牙岛	北纬 25°55.8′	东经 123°41.1′
7. 海星岛	北纬 25°55.6′	东经 123°41.3′
8. 黄尾屿	北纬 25°55.4′	东经 123°41.4′
9. 海龟岛	北纬 25°55.3′	东经 123°41.4′
10. 长龙岛	北纬 25°43.2′	东经 123°33.4′
11. 南小岛	北纬 25°43.2′	东经 123°33.2′
12. 鲳鱼岛	北纬 25°44.0′	东经 123°27.6′
1. 钓鱼岛 (1)	北纬 25°44.1′	东经 123°27.5′

二、赤尾屿的领海基线为下列各相邻基点之间的直线连线：

1. 赤尾屿	北纬 25°55.3′	东经 124°33.7′
2. 望赤岛	北纬 25°55.2′	东经 124°33.2′
3. 小赤尾岛	北纬 25°55.3′	东经 124°33.3′
4. 赤背北岛	北纬 25°55.5′	东经 124°33.5′
5. 赤背东岛	北纬 25°55.5′	东经 124°33.7′
1. 赤尾屿	北纬 25°55.3′	东经 124°33.7′

朝鲜民主主义人民共和国
Democratic People's Republic of Korea

（英文文本截止于 2009 年 1 月 16 日）

中央人民委员会确定朝鲜民主主义人民共和国经济区的法令

（1977 年 6 月 21 日）

朝鲜民主主义人民共和国中央人民委员会，为保护国家的海洋利益，在此确定经济区如下：

为保护、开发和利用国家的海洋资源，在此确定朝鲜民主主义人民共和国的经济区。

朝鲜民主主义人民共和国的经济区自领海基线起延伸 200 海里。在不能延伸至 200 海里的水域，应以将该水域一分为二的线作为专属经济区的界线。

朝鲜民主主义人民共和国对其海洋经济区域（水体、海床和底土）内的所有生物或非生物资源行使主权。

未经朝鲜民主主义人民共和国的主管机关事先批准，外国国民、船舶或飞机不得在朝鲜民主主义人民共和国的经济区内进行捕鱼、安装设施、照相、调查、测量、勘探、开发或其他任何有害的经济活动。

经授权在朝鲜民主主义人民共和国的经济区内进行捕鱼活动的任何船舶必须严格遵守《朝鲜民主主义人民共和国渔业和海洋条例》。

在必要情形下，任何违反本法或朝鲜民主主义人民共和国相关法律和规章的活动应依照朝鲜民主主义人民共和国的法律处置。

本法于1977年8月1日生效。

印 度
India

（英文文本截止于 2010 年 2 月 23 日）

领水、大陆架、专属经济区和其他海洋区域法

（1976 年 5 月 28 日第 80 号法令）

第一条　简称和序言

1. 本法称为《1976 年领水、大陆架、专属经济区和其他海洋区域法》。

2. 本法除第五条和第七条按中央政府在政府公报上公布的日期或不同的日期生效外，本法其他规定应立即生效。

第二条　定义

本法中涉及领水、大陆架专属经济区或印度其他海域的“界限”一词，是指印度大陆以及构成印度领土一部分的一群或几群岛屿的领水、大陆架或其他海洋区域的界限。

第三条　领水主权以及领水的宽度

1. 印度的主权及于并一贯及于印度的领水（以下称为“领水”），及其海床、底土和上空。

2. 领水的界限为一条其每一点与适当的基线的最近点距离为 12 海里的线。

3. 尽管有本条第2款的规定，中央政府可以在其认为任何必要的时间，根据国际法或者国家实践，在政府公报上宣布改变领水界限。

4. 非经国会两院通过决议批准有关本条第3款的事项，否则不得发布公告。

第四条 外国船舶对领水的利用

1. 在不妨碍现行有效的其他法律规定的前提下，所有的外国船舶（包括潜水艇和其他水下航行器在内的军舰除外）均享有无害通过领水的权利。

说明：

为本条的目的，只有不损害印度的和平、良好秩序和安全的通过是无害的。

2. 在事先通知中央政府后，包括潜水艇和其他水下航行器在内的外国军舰方可进入或通过领水，但前提是：潜水艇和其他水下航行器通过领水时，必须在水面航行并展示其旗帜。

3. 中央政府如认为对印度或其一部分的和平、良好秩序和安全的利益有必要时，可在政府公报上宣布完全或有例外的、或有限制的停止所有或任何一类外国船舶进入领水。

第五条 印度的毗连区

1. 印度的毗连区（以下简称为"毗连区"）为领水以外、邻接领水的一带海域，毗连区的界限为一条其每一点与第三条第2款所述基线的最近点距离为24海里的一条线。

2. 尽管有本条第1款的规定，中央政府可以在其认为有必要时，根据国际法或者国家实践，在政府公报上宣布修改毗连区的界限。

3. 非经议会两院通过决议批准，不得发布本条第2款规定的公告。

4. 中央政府对有关下列事项，可对毗连区行使和采取其所认为必要的权力和措施：

（1）印度的安全；

（2）移民、卫生、海关和其他财政事项。

5. 中央政府可在政府公报上发布公告，宣布：

（1）对本条第4款第（1）项或第（2）项涉及的任何事项，把任何在印度或其任何一部分现行有效的法令扩大适用于毗连区，并作出其所认为适当的

限制和修改；并且

（2）在公告中为了促进上述法令的实施作出其认为必要的规定；任何这样扩大的适用的法令应有效力，如同毗连区是印度领土的一部分。

第六条 大陆架

1. 印度的大陆架（以下简称“大陆架”）包括领水以外依陆地领土的自然延伸扩展到大陆边外缘的海底区域的海床和底土，如果从本法第三条第2款规定的基线量起到大陆边外缘的距离不到200海里，则扩展到200海里。

2. 印度对其大陆架一直都拥有完全的、排他的主权权利。

3. 在不损害本条第2款所规定的一般原则的情况下，印度对其大陆架享有：

（1）为勘探、开发、养护和管理所有的资源目的的主权权利；

（2）为勘探和开发大陆架的自然资源或方便船舶航行或任何其他必要目的，对人工岛屿、岸外码头、设施和其他结构和装置，享有建造、维护或操作的专属权利和管辖权；

（3）对于授权、管理和控制科学研究，享有专属管辖权；

（4）对于海洋环境的保护和保全，以及防止和控制海洋污染，享有专属管辖权。

4. 在未取得许可证或者得到中央政府授权的情况下，任何人（包括外国政府）不得勘探大陆架或开发其资源，不得进行任何搜寻、挖掘或任何科学研究；不得在大陆架上钻探，不得为任何目的在大陆架上建造、维护或使用任何人工岛屿、岸外码头、设施或其他结构或装置。

5. 中央政府可以在政府公报上发布公告：

（1）宣布大陆架及其上覆水域的任何区域为特定区域；并且

（2）在其认为有必要时，就下列事项制定法规：

①勘探、开发和保护特定区域内的大陆架资源；

②特定区域内的人工岛屿、岸外码头、设施或其他结构或装置的安全和保护；

③特定区域的海洋环境的保护；

④特定区域的海关和其他的财政问题。

说明：

根据本款发布的公告可以在不损害印度的利益，确保航行自由的情况下，通过建立航道、海道和分道通航制或者其他模式，对进入和通过特定区域的外国船舶制定规则。

6. 中央政府可以在政府公报上发布公告：

（1）对印度或其任何部分或大陆架任何部分（包括本条第5款规定的任何特定区域）现行有效的法令，扩大其认为合适的限制或修改，以及

（2）在其考虑有必要时制定这样的条款，以推动该法令的实施，任何这样扩大的法令应有效，就像该法律扩及适用的大陆架或其部分（包括本条第5款规定的任何特定区域）为印度领土的一部分。

7. 在不损害本条第2款，并遵守保护印度利益所必要的人和措施的情况下，中央政府不会阻止外国国家在大陆架上铺设或者维护海底电缆或管道。前提是，铺设这种电缆或管道的路线，必须经中央政府的同意。

第七条 专属经济区

1. 印度的专属经济区（以下称为“专属经济区”）为领水以外并邻接领水的区域，此区域的宽度为从基线量起200海里。

2. 虽然有本条第1款的规定，中央政府可以在其认为必要时，根据国际法或者国家实践，在政府公报上宣布改变专属经济区的宽度。

3. 非经国会两院通过决议批准有关本条第2款的事项，否则不得发布公告。

4. 在专属经济区内，国家：

（1）为勘探、开发、养护和管理自然资源（包括生物资源和非生物资源），以及利用潮汐、风力和海流生产能的目的，享有主权权利；

（2）为勘探和开发专属经济区的自然资源或方便船舶航行或任何其他必要目的，对人工岛屿、岸外码头、设施和其他结构和装置，享有建造、维护或操作的专属权利和管辖权；

（3）对于授权管理和控制科学研究，享有专属管辖权；

（4）对于海洋环境的保护和保全，以及防止和控制海洋污染，享有专属管辖权；

（5）其他国际法上承认的类似的权利。

5. 在未取得许可证或者得到中央政府授权的情况下,任何人(包括外国政府)不得勘探或开发专属经济区的资源,不得进行任何搜寻、挖掘或任何科学研究;不得在专属经济区钻探,不得为任何目的在专属经济区内建造、维护或使用任何人工岛屿、岸外码头、设施或其他结构或装置。

印度公民捕鱼不适用本款的规定。

6. 中央政府可以在政府公报上发布公告:

(1)宣布专属经济区的任何区域为特定区域;

(2)在其认为有必要时,就下列事项制定法规:

①勘探、开发和保护特定区域内的资源;

②对特定区域进行其他的经济性勘探和开发活动,如利用潮汐、风力和海流生产能;

③特定区域内的人工岛屿、岸外码头、设施或其他结构或装置的安全和保护;

④特定区域的海洋环境的保护;

⑤特定区域相关的海关和其他的财政问题。

说明:

根据本款发布的公告可以在不损害印度的利益,确保航行自由的情况下,通过建立航道、海道和分道通航制或者其他模式,对进入和通过特定区域的外国船舶制定规则。

7. 中央政府可以在政府公报上发布公告:

(1)对印度或其任何部分或专属经济区任何部分现行有效的法令,扩大其认为合适的限制或修改;

(2)在其考虑有必要时制定规则,以推动该法令的实施,任何这样扩大的法令应有效,就像专属经济区或其部分为印度领土的一部分。

8. 第六条第 7 款适用于在大陆架的海床上铺设或维护海底电缆或管道的相关情形,该条款同样也适用于在专属经济区的海床上铺设或维护海底电缆或管道。

9. 在印度行使其权利的限制下,所有国家的船舶和飞机在专属经济区及其上空享有航行和飞越自由。

第八条 历史性水域

1. 中央政府可在政府公报上发布公告，具体规定邻接印度陆地领土的水域为印度的历史性水域的界限。

2. 印度的主权及于并且一贯及于印度的历史性水域及其海床和底土，以及此种水域的上空。

第九条 与海岸相邻或相向国家间海上界限

1. 印度与其海岸相邻或相向国家间关于领水、毗连区、大陆架、专属经济区及其他海洋区域的界限，应通过印度与该国之间的协定（无论已缔结或在本条生效后缔结）确定。在印度与该国缔结协定之前，除非他们之间同意任何其他的临时安排，印度与该国之间的海上界限不得超过每点与测算印度与该国领水宽度的基线最近点距离相等的线。

2. 本条第 1 款所述协定应于缔结后立即在政府公报上公布。

3. 本条第 1 款不因本法其他条款的任何规定而无效。

第十条 海图的公布

中央政府可将第三条第 2 款规定的基线，印度的领水、毗连区、大陆架、专属经济区和历史性水域的界限，以及依第九条提及的协定确定的海洋界限在海图上公布。

第十一条 不法行为

对于违反本法的任何规定或任何依本法发布的公告的人，应处以 3 年的监禁，单处或并处罚金（但不妨碍依本法其他条款或其他法律对该人采取其他行动）。

第十二条 公司的不法行为

1. 公司违反本法或本法的其他规则的，违法时主管或负责公司商业活动的个人以及公司本身应被视为构成犯罪，并应依法受到相应的处罚。但如果他能证明他对违法行为不知情，或他已恪尽职守以防止违法行为的发生，本款的任何规定不应使任何人受到任何处罚。

2. 尽管有本条第 1 款的规定，如有公司违反本法或据此制定的规则，并证明违法是经公司的任何董事、经理、秘书或其他职员的同意、默许或由于其疏忽、失职而发生，该董事、经理、秘书或其他职员也应视为犯罪，并应依法予以追究和处罚。

说明：

为本条的目的：（1）“公司”系指任何法人团体，并包括公司或其他个人团体；（2）“董事”，就公司而言，系指公司的董事。

第十三条 审判地

违反本法或依本法制定的任何规则的人，或违反依本法或依本法制定的任何规则扩大适用的任何法令的人，可在其被发现地进行审判，或在中央政府通过一般或特别命令的形式在政府公报上特定的其他地点进行审判。

第十四条 中央政府对起诉的事前批准

非经中央政府或中央政府以命令书面授权的官员或当局的事先批准，不得对任何违反本法或违反依本法制定的规则的人提起任何指控。

第十五条 立法权

1. 为贯彻本法的目的，中央政府可在政府公报上以公告制定规则。

2. 特别是在不妨碍上述权利的一般情况下，可以就以下事项制定相关的规则：

（1）任何人在印度的领水、毗连区、大陆架、专属经济区或任何其他海域的行为；

（2）大陆架资源的勘探、开发、养护和管理；

（3）专属经济区资源的勘探、开发、养护和管理；

（4）有关建造、维护或使用第六条和第七条所规定的人工岛屿、岸外码头、设施或其他结构或装置；

（5）为本法的目的，有关海洋环境的保护和保全，以及防止和控制海洋污染；

（6）为本法的目的，有关授权、管理和控制科学研究；

（7）与第六条第4款和第七条第5款所述许可证和授权或其他目的有关的费用；

（8）附属于从（1）项到（7）项所规定的任何事项的情事。

3. 在制定本条下的任何规则时，中央政府可以规定，违法者应处以3年监禁，单处或并处任何数量的罚金。

4. 根据本法制定的任何规则，以及根据本法第六条第5款或者第七条第5款发布的公告，一经制定或发布，应尽快提交正在开会的国会两院，时间为

30天。如果两院都同意对该规则或公告的修改，或两院都不同意该规则或公告的发布，该规则或公告此后只具有修改后的效力，或不再有效，视其情况而定。然而，这种修改或废除都不影响此前根据该规则或公告所作出的行为的有效性。

第十六条 消除困难

1. 如在实施本法或任何基于本法扩大适用的法令时发生困难，中央政府可在政府公报上发布命令，作出与本法或（扩大适用的）该法令不相抵触而为消除困难所必要或适宜的规定：

但如有下列情况不得发布任何命令：

（1）实施本法的任何规定的困难是在该规定生效已满3年之后发生的；

（2）实施根据本法扩大适用的任何法令的困难，是在该法令扩大适用已满3年之后发生的。

2. 基于本条作出的任何命令，一经作出应立即送两院审议。

印度尼西亚
Indonesia

（英文文本截止于 2010 年 1 月 6 日）

印度尼西亚政府关于专属经济区的宣言
（1980 年 3 月 21 日）

印度尼西亚政府铭记：

开发一切可资利用的生物和非生物自然资源以提高民族福祉是印度尼西亚政府和民族的宗旨和目的。

认识到：为达到上述宗旨和目的，对海床和底土及其上覆水域的自然资源必须采取适当的、有目的的和合理的方法予以保护和管理。

注意到：国家的实践表明，200 海里专属经济区制度已被接受为新的国际海洋法的一部分。

认为：印度尼西亚有必要公布关于印度尼西亚专属经济区的政府宣言。

宣告如下：

1. 印度尼西亚的专属经济区是位于根据“1960 年印度尼西亚水域的第 4 号法律”公布的印度尼西亚领海以外的区域，其宽度从测算印度尼西亚领海宽度的基线量起向外延伸 200 海里。

2. 印度尼西亚在其专属经济区内享有并行使：

（1）勘探和开发、养护和管理海床和底土及其上覆水域的生物和非生物自然资源的主权权利，及在该区域内从事经济性勘探和开发，如潮汐、海流和风力生产能等其他活动的主权权利；

（2）行使有关下列事项的管辖权：

①人工岛屿、设施和结构的建造和使用；

②海洋科学研究；

③海洋环境保护；

④基于国际法的其他权利。

3. 本宣言第二条所述印度尼西亚有关海床和底土的主权权利，将按照印度尼西亚关于印度尼西亚水域和印度尼西亚大陆架以及国际协定和国际法的规定继续行使。

4. 在印度尼西亚专属经济区内，航行和飞越的自由、铺设海底电缆和管道的自由，按照新的国际海洋法将继续得到承认。

5. 印度尼西亚专属经济区的界限如造成与相邻或相向国家间的划界问题，印度尼西亚政府将在适当的时候，与有关国家进行谈判，以期达成协议。

6. 将制定法律和条例就上述各条作进一步的规定。

本宣言自宣布之日起生效。

印度尼西亚共和国总统

苏哈托（签字）

1980 年 3 月 21 日

雅加达

印度尼西亚专属经济区法

（1983 年第 5 号，1983 年 10 月 18 日）

第一章　一 般 规 定

第一条

为本法的目的：

（1）“生物自然资源”是指在印度尼西亚专属经济区水域的海床上发现的所有动物和植物，包括其各种分类。

（2）“非生物自然资源”是指在印度尼西亚专属经济区水域中和海床及其底土中发现的生物自然资源以外的自然物质。

（3）“科学研究”是指在印度尼西亚专属经济区水面、水体、海床及其底土中与有关海洋任何方面的研究相联系的任何活动。

（4）“自然资源的养护”是指旨在保护和保全印度尼西亚专属经济区中自然资源的一切努力。

（5）“海洋环境保护与养护”是指旨在保全与维持印度尼西亚专属经济区海洋生态系统完整的任何努力。

第二章　印度尼西亚专属经济区

第二条

印度尼西亚专属经济区是与适用于印度尼西亚水域的法律所确定的、印度尼西亚领海以外，并与领海相邻的一条海水带，包括了海床、底土及其上覆水域，其外部界限为从印度尼西亚领海基线起算 200 海里。

第三条

1. 如果印度尼西亚专属经济区与另一海岸与印度尼西亚海岸相邻或相向国家的专属经济区重叠时，印度尼西亚与该国专属经济区的界限应由印度尼西亚与相关国家通过协议确定。

2. 在没有本条第 1 款所指协议并且没有其他需要考虑的特殊条件时，印度尼西亚与另一国专属经济区的界限应为中间线，或到印度尼西亚领海基线或印度尼西亚最外部点和到另一国领海基线或最外部点距离相等的线，除非与该国达成印度尼西亚专属经济区边界的临时安排。

第三章　主权权利、其他权利、管辖权与义务

第四条

1. 在印度尼西亚专属经济区内，印度尼西亚共和国应享有并行使：

（1）以勘探和开发、养护和管理海床上覆水域和海床及其底土的自然资源，不论其为生物资源或非生物资源为目的的主权权利，以及关于在该区内从事经济性开发和勘探，比如利用海水、海流和风力生产能的主权权利；

（2）有关下列事项的管辖权：

①人工岛屿、设施和其他结构的建造和使用；

②海洋科学研究；

③海洋环境的保护和保全；

（3）基于《公约》规定的其他权利和义务。

2. 在海床及其底土行使本条第1款所指的印度尼西亚的主权权利及其他权利、管辖权与义务时，应按照印度尼西亚大陆架的立法规定，印度尼西亚共和国与邻国的协议以及有效的国际法规则。

3. 在印度尼西亚专属经济区内，国际航行、飞越自由，铺设海底电缆与管道的自由应按照国际海洋法的原则予以尊重。

第四章　印度尼西亚专属经济区内的活动

第五条

1. 在不减损第四条第2款规定的情况下，对自然资源的勘探和（或）开发，或以经济性勘探和开发上述自然资源为目的的其他活动，如在印度尼西亚专属经济区内利用海水、海流或风力生产能，只能在印度尼西亚共和国政府的许可下进行，或依照与印度尼西亚共和国政府签订的国际协议进行。上述活动须遵守上述许可或上述国际协议中的条件。

2. 在不减损本条第 1 款规定的情况下,对生物自然资源的任何勘探或(和)开发应遵守印度尼西亚共和国政府关于管理和养护的规定。

3. 如果印度尼西亚共和国政府允许的某种物种的捕捞量超过了印度尼西亚的捕捞能力,在不减损第四条第 2 款规定的情况下,可以允许任何个人、法人或外国政府对印度尼西亚专属经济区内特定区域的生物资源进行任何勘探和(或)开发。

第六条

任何人在印度尼西亚专属经济区内建造或使用人工岛屿或设施或其他结构,须经印度尼西亚共和国政府的许可。上述活动须按照上述许可中的条件进行。

第七条

任何人在印度尼西亚专属经济区内进行任何科学研究活动,须保证其活动应获得印度尼西亚共和国政府的事先同意,而且其活动应按照印度尼西亚共和国政府确定的条件进行。

第八条

1. 在印度尼西亚专属经济区内从事任何活动的任何人有义务采取措施防止、最小化、控制并克服环境污染。

2. 只有在获得印度尼西亚共和国政府的许可后,才可在印度尼西亚专属经济区内排放废物。

第五章　赔　　偿

第九条

违反印度尼西亚共和国的法规以及关于人工岛屿、设施或其他结构的国际法,在印度尼西亚专属经济区内从事任何活动并造成损失的任何人应对该损失负责,并向上述人工岛屿、设施和(或)其他结构的所有人进行赔偿。

第十条

在不减损第七条规定的情况下,违反印度尼西亚共和国的法规以及适用于海洋科学研究的国际法规则,在印度尼西亚专属经济区内从事任何活动并造成损失的任何人应对该损失负责,并向印度尼西亚政府进行赔偿。

第十一条

1. 在不减损第八条规定并且适当遵守赔偿的最高限额的情况下，任何人在印度尼西亚专属经济区内引起海洋环境污染并且（或）对自然资源造成损害，应为该污染或损害负责，并应立即支付一定合理数额的赔偿作为海洋环境和（或）自然资源的恢复费用。

2. 如能证明上述海洋环境污染和（或）自然资源的损害是由于以下情况造成的，则可以免除本条第（1）款规定的全部责任：

（1）不可抗拒的自然灾害；

（2）损失全部或部分由第三方的故意或过失造成。

3. 由海洋环境污染和（或）自然资源的损害造成的损失的形态、类型和大小应根据生态调查的结果进行认定。

第十二条

关于第十一条所指的最高赔偿限额、生态调查的方法和损害赔偿应由第二十条提及的法规作出规定。

第六章　执　　法

第十三条

在行使第四条第 1 款规定的主权权利、其他权利、管辖权和义务时，印度尼西亚共和国主管执法部门可以按照 1981 年第 8 号《刑事诉讼法典》采取执法措施，但以下几种情况例外：

（1）任何船舶和（或）人员被视为在印度尼西亚专属经济区内从事了违法行为，上述措施应包括扣留船舶直至上述船舶和（或）人员在港口进行移交，以便于提起诉讼。

（2）应尽快移交上述船舶和（或）人员，不得超过 7 天的期限，除非因为不可抗力。

（3）为扣留的目的，第十六条和第十七条所指的犯罪行为应属于 1981 年第 8 号《刑事诉讼法典》第二十一条第 4 款（2）项所指的犯罪行为。

第十四条

1. 在印度尼西亚专属经济区内负责调查的执法机构为印度尼西亚武装

部队的海军官员，由印度尼西亚共和国武装部队总司令任命。

2. 原告是本条第 3 款所指的附属于一审法院的公诉人。

3. 有权审理违反本法的法院是指其管辖权包含了第十三条第 1 款所指的扣留船舶和（或）人员的港口法院。

第十五条

1. 对于因被指控从事了违反本法或任何基于本法制定的法规而被逮捕的船舶和（或）人员，可以在主审法院判决前的任何时间提出释放请求。

2. 本条第 1 款所指的释放请求可在请求人缴纳了主审法院确定的保释金后予以准许。

第七章　刑 事 规 定

第十六条

1. 对违反第五条第 1 款、第六条或第七条的任何人应处以最高 2.25 亿卢比[①]的罚款。

2. 法院在其判决中可以决定没收用以从事本条第 1 款所指的犯罪行为的船舶和（或）设备。

3. 在印度尼西亚专属经济区内故意损害生态环境或污染生态环境的任何人应按照适用于生态环境的法规进行惩罚。

第十七条

对于损坏或破坏从事第十六条第 1 款所指的犯罪行为所使用的证据，并在调查期间避免上述证据被没收的任何人，应处以最高 7500 万卢比的罚款。

第十八条

第十六和第十七条所指的行为应被视为犯罪。

第八章　过渡性规定

第十九条

本法公布之前颁布的关于生物资源勘探和（或）开发的任何规定应继续

① 卢比为印度尼西亚货币单位，1 卢比约为 0.1 元人民币。

有效,直到基于本法的立法对其作出修改。

第九章 最后条款

第二十条

1. 为进一步实施本法,应制定其他法规。

2. 执行本法规定的政府规章可以对违反其规定的行为处以最高 7500 万卢比的罚款。

第二十一条

本法应自颁布之日起生效。为使本法家喻户晓,本法应在印度尼西亚共和国政府公报上公布。

附录 1983 年第 5 号法令的说明

总 则

印度尼西亚共和国政府很久以前就意识到,通过利用在专属经济区内发现的一切生物或非生物自然资源来提高印度尼西亚国家的福祉,对于帮助群岛展望的实现有着十分重要的意义。

基于上述内容并为了保障国家利益,特别为了满足印度尼西亚人民对动物蛋白的需求,对非生物资源的利用,对海洋环境的保护和养护以及海洋科学研究,印度尼西亚共和国政府于 1980 年 3 月 21 日颁布了“关于印度尼西亚专属经济区的政府公告”。

国际社会通过第三次联合国海洋法会议和国家实践已经建立了有关专属经济区的国际法,其目标是保护沿海国的利益,防止基于公海制度的捕鱼活动使得与其海岸相邻的海域内自然资源面临枯竭的危险。

另外,在专属经济区内自然资源的利用,海洋环境的保护和海洋科学研究方面,专属经济区也起到了保护国家利益的作用。

《公约》规定了印度尼西亚共和国作为沿海国享有对在专属经济区内发现的自然资源进行勘探和开发的主权权利,以及有关行使该主权权利的管辖权。

另一方面,印度尼西亚有义务尊重他国在其专属经济区内的权利,例如航行与飞越自由以及在专属经济区内铺设海底电缆与管道的自由。

特别的,对于在印度尼西亚专属经济区内发现的生物资源,只要印度尼西亚没有完全利用这些生物资源,任何其他国家可以按照《公约》参与对生物资源的利用。

除公布主要针对其他国家的上述原则与基本政策外,上述原则和基本规则也必须制定在法律中,为在专属经济区行使主权权利、其他权利、管辖权和义务提供坚实的基础。这样也就建立了法律保障。

正是在这种情况下起草了《印度尼西亚专属经济区法》,规定了印度尼西亚共和国在专属经济区内的主权权利、其他权利、管辖权和义务。

本法只规定了基本规则,本法的进一步实施应在其他法规中加以规定。

各项条款

第一条

本法中“生物资源”与渔业法规规定中的“渔业资源”含义相同。

第二条

本条阐明和确认了包含在 1980 年 3 月 21 日《印度尼西亚共和国政府关于印度尼西亚专属经济区的公告》中的印度尼西亚专属经济区的地理定义。

第三条

第 1 款

足够清楚。

第 2 款

本条规定等距离原则适用于印度尼西亚与一个邻国之间专属经济区界限的确定,除非在不损害国家利益时,有特殊情况需要考虑。

上述特殊情况如:存在属于他国的岛屿距离测算印度尼西亚专属经济区宽度的基线不到 200 海里。

第四条

第 1 款

“印度尼西亚主权权利”不同于或不能等同于印度尼西亚对其领海、内水和内陆水道所享有和行使的完全主权。

基于上述事实,在印度尼西亚专属经济区内施加的处罚不同于在印度尼西亚共和国主权下的水域内实施的处罚。

其他权利依据国际法,包括印度尼西亚共和国执行法律的权利,以及在任何外国船舶在专属经济区内从事了违反印度尼西亚的法规规定时进行紧追的权利。

另一项义务依据国际法是印度尼西亚共和国尊重他国权利的义务,例如航行与飞越自由以及铺设海底电缆和管道的自由。

第 2 款

本条规定对在印度尼西亚专属经济区界限内的海床及其底土发现的生物和非生物资源应当行使印度尼西亚主权权利。该权利的行使应基于适用于大陆架制度的印度尼西亚法规,以及确定印度尼西亚与其海岸相邻或相向的邻国之间的大陆架划界的国际协议。

第 3 款

根据可适用的国际法原则,例如源于国家实践并被第三次海洋法会议采用而规定在《公约》中的原则,在专属经济区内,任何国家,无论沿海国或内陆国,均应享有国际航行与飞越的自由以及铺设海底电缆和管道的自由,并能按照上述自由利用海洋,比如:对船舶与飞机的操作和对海底电缆和管道的维护。

第五条

第 1 款

任何印度尼西亚人或法人在印度尼西亚专属经济区内从事的任何对自然资源的勘探或开发活动,或为勘探和(或)开发的经济目的而从事的任何其他活动,例如利用海水、海流和风力生产能,应经过印度尼西亚共和国政府的批准。

外国、外国人或外国法人从事的上述活动应基于印度尼西亚共和国政府与该外国的国际协议。

上述国际条约或协议的条款中必须指明在上述区域从事勘探或开发活动的人需要遵守的权利和义务,例如向印度尼西亚共和国政府交税。

第 2 款

由于生物资源有可再生的特性,但此种可再生并非无限。因此,根据该特性,对于生物资源的管理和养护,印度尼西亚共和国政府确定了对印度尼西亚部分或全部专属经济区利用的程度。

第 3 款

在养护生物资源的框架下,印度尼西亚有义务保证印度尼西亚专属经济区内生物资源的最高持续产量。

在适当遵守上述最高持续产量下,印度尼西亚也有义务规定生物资源的最高可捕量。

如果印度尼西亚没有能力捕捞上述最高可捕量,他国可依据与印度尼西亚共和国政府签订的国际协议,捕捞可捕量的剩余部分。

假设可捕量规定为 1000 吨,而印度尼西亚捕捞能力只达到 600 吨,他国可以依据国际协议中印度尼西亚共和国政府的许可参与捕捞剩余的 400 吨。

提及第四条第 2 款是为了阐明在专属经济区的海床上发现的定居种生物受大陆架制度的限制[1973 年第 1 号《印度尼西亚大陆架法》第一条(2)项]。因此,该定居种生物不受本条规定的限制。

第六条

根据第四条第 1 款,印度尼西亚共和国对人工岛屿、设施和其他结构的建造、操作和使用,有建造、颁发执照和安排的专属权利。

此外,印度尼西亚对上述人工岛屿、设施和结构有专属管辖权,包括关于实施海关、税收、卫生、安全和移民的立法规定的管辖权。

尽管印度尼西亚对上述人工岛屿、设施和结构有专属管辖权,但是它们不属于国家领土,因此不拥有自己的领海。它们的存在不得影响印度尼西亚领海、专属经济区或大陆架的界限。

第七条

在印度尼西亚专属经济区内的任何海洋科学研究只有在该研究的申请得到印度尼西亚共和国政府事先同意后方可进行。

如果在收到上述申请的 4 个月内,印度尼西亚共和国政府未能说明:

(1)其反对该申请,或者

(2)申请者提供的信息与现实不一致或不完整,或者

(3)申请者在之前的研究项目中的义务尚未履行完毕,则海洋科学研究项目可在印度尼西亚共和国政府收到研究申请的 6 个月内进行。

第八条

第 1 款

保护和养护印度尼西亚专属经济区内的自然资源的权力在国际上是基于现在体现于《公约》中的国家实践；而从国内角度来说，其基础是 1982 年第 4 号《关于生态环境管理的基本规定》。

第 2 款

在海洋中倾倒可引起海洋环境的污染，因此有必要安排倾倒的地点、方式和频率以及依据执照进行倾倒的物质的类型、内容和体积。该倾倒包括垃圾的倾倒和其他可引起海洋环境污染的物质的倾倒。船舶行驶中的正常废物处理不需要许可。

第九条

足够清楚。

第十条

足够清楚。

第十一条

第 1 款

维持环境和谐与平衡的义务的结果是为海洋环境和（或）自然资源的恢复承担严格责任并进行赔偿的义务。

因此，任何人从事或未能防止他人从事或造成海洋环境污染和（或）自然资源损害应承担上述义务。

“严格责任”指只要发生海洋环境污染和（或）自然资源损害就产生的责任，并且在程序中不需要提供证据。

第 2 款

足够清楚。

第 3 款

赔偿数额应根据海洋环境污染和（或）自然资源损害引起的损失的形式、类型和大小确定。对于该损失的形式、类型和大小的生态调查应由一个包含代表政府、受害者和违法者的成员的机构进行。该特别机构在每个案件中都设立。

第十二条

足够清楚。

第十三条

对于有足够初步证据怀疑在海上从事了违法行为的任何船舶和(或)个人,特别是外国船舶和(或)外国人,可以通过逮捕该船和(或)个人的方式作进一步调查。

对于印度尼西亚国籍的任何船舶和(或)个人,可以给予特别命令使之前往海上调查员指定的港口或基地提起进一步诉讼。

上述逮捕不一定要遵守 1981 年第 8 号《刑事诉讼法典》规定的逮捕时限,即 1 天。因此,对于海上逮捕,需要一段合理时间以保证海上执法机关偕同上述船舶和(或)个人前往任何港口或基地。

7 天的期限被认为是将上述船舶从印度尼西亚专属经济区内最远地带至或拖至任何港口或基地的最长时间。

1981 年第 8 号法律尚未对因依据本法的犯罪行为进行扣留作出规定,但对因上述犯罪行为进行扣留是保证案件进一步诉讼的方法。

在这种情况下,尽管可以处罚的形式是罚金,但由于其属于犯罪,该犯罪行为应属于 1981 年第 8 号《刑事诉讼法典》第二十一条第(4)款第(b)项所指的犯罪行为。

第十四条

第 1 款

可以任命担任调查员的印度尼西亚武装部队的海军军官为船长、海军区域指挥官、基地指挥官和海军驻地指挥官。任命印度尼西亚武装部队海军军官为印度尼西亚专属经济区的调查机构符合 1982 年第 20 号法律《印度尼西亚共和国防御与安全基本规则》第三十条第(20)款以及 1983 年第 27 号政府规章《关于 1981 年第 8 号法案〈刑事诉讼法典〉的执行》第十七条。

第 2 款

足够清楚。

第 3 款

足够清楚。

第十五条

第 1 款

可以对因被怀疑从事了违法行为而被逮捕的船舶和(或)人员提出释放请求。根据惯例,请求应由外国船旗国的公使馆、该船舶的所有人或船长或与船舶或人员有任何工作或商业关系的人根据法定证据提出。

第 2 款

保释金根据船舶的价值及装备和活动的收益确定,并按罚金的最高限额增长。

第十六条

第 1 款

足够清楚。

第 2 款

足够清楚。

第 3 款

足够清楚。

第十七条

足够清楚。

第十八条

足够清楚。

第十九条

足够清楚。

第二十条

足够清楚。

第二十一条

足够清楚。

第 3260 号印度尼西亚共和国补充性政府公报。

关于印度尼西亚水域的第 6 号法案

（1996 年 8 月 8 日）

印度尼西亚共和国总统，

考虑到：

1. 基于历史事实和印度尼西亚民族的观点，印度尼西亚共和国根据 1957 年 12 月 17 日宣言和 1960 年第 4 号《印度尼西亚水域法》（原文为“Act No. 4 Prp. of 1960 on Indonesian Waters”，下同 —— 译者注），于 1945 年 8 月 13 日正式宣布印度尼西亚为群岛国，并对本国水域领土作出规定；

2. 通过在《公约》第四部分包含群岛国的法律原则和制度的规定，印度尼西亚民族成功地争取到了群岛国的法律概念。依据 1985 年第 17 号法律批准《联合国海洋法公约》，《公约》被批准生效；

3.1960 年第 4 号《印度尼西亚水域法》规定的群岛国法律已不再适应 2 项所指的《公约》第四部分所包含的群岛国法律制度的发展；

4. 在这种情况下，为了加强有关印度尼西亚水域、主权、管辖权、权利和义务以及在印度尼西亚水域活动的法律，在国家发展的框架下，以群岛原则为基础，需撤销 1960 年第 4 号《印度尼西亚水域法》，并由新法取代；

考虑到：

（1）1945 年《宪法》第五条第 1 款、第二十条第 1 款和第三十三条第 3 款；

（2）1985 年第 17 号法律《批准联合国海洋法公约》（1985 年第 76 号政府公报，第 3319 号补充性政府公报）；

由

印度尼西亚共和国众议院批准

决定作出规定。

印度尼西亚水域法

（第6号法令,1996年8月8日）

第一章 总 则

第一条

本法中:

（1）“群岛国”是指全部由一个或多个岛屿构成的国家,并可包括其他岛屿。

（2）“岛屿”是指四面环水,并在高潮时高于水面的自然形成的陆地区域。

（3）“群岛”是指一群岛屿,包括若干岛屿的若干部分、相连的水域和其他自然地形。它们彼此密切相关,以致这种岛屿、水域和其他自然地形在本质上构成一个地理、经济、安全和防卫方面固有的政治实体,或在历史上被视为这种实体。

（4）“印度尼西亚水域”是指印度尼西亚领海、群岛水域以及内水。

（5）“低潮线”是指表明在退潮时海水水位的确定的水位线。

（6）“低潮高地”是指在低潮时四面环水并高于水面,但在高潮时在水面以下的自然形成的陆地。

（7）“海湾”是指一个明显的水曲,其凹入程度和曲口宽度的比例,使其含有封闭水域,而不仅为海岸的弯曲。除非水曲面积等于或大于横越曲口所划的直线作为直径的半圆形的面积,否则不应被视为海湾。

（8）“群岛海道”是指船只航行或外国飞机以通常方式继续不停和尽可能迅速地通过的海道,不妨碍它们通过群岛水域及连接公海或印尼专属经济区的一部分,或印尼专属经济区和公海的另一部分,或印尼其他的专属经济区相邻领海的通过或飞越。

（9）《公约》指《联合国海洋法公约》。

第二条

1. 印度尼西亚共和国是群岛国。

2. 印度尼西亚共和国陆地领土包括的岛屿或部分岛屿之间或连接这些

岛屿周围的全部水域,不论其范围和宽度如何,构成印度尼西亚共和国主权支配下的陆地区域领土的组成部分。

第二章　印度尼西亚水域的领土

第三条

1. 印度尼西亚水域的领土包括印度尼西亚领海、群岛水域和内陆水域。

2. 印度尼西亚领海为从本法第五条所指的印度尼西亚群岛基线起算 12 海里宽度的海道。

3. 印度尼西亚群岛水域为群岛直线基线内侧的一切水域,不论其深度或距离海岸的远近如何。

4. 印度尼西亚内陆水域为位于印度尼西亚海岸低潮线向陆一侧的全部水域,包括本法第七条所指的封闭线向陆一侧的全部水域。

第四条

印度尼西亚共和国在印度尼西亚水域的主权及于领海、群岛水域和内陆水域以及领海、群岛水域和内陆水域的上空、海床和底土,以及其中所包含的自然财富资源。

第五条

1. 印度尼西亚群岛基线用群岛直线基线划出。

2. 如果本法第 1 款所指的群岛直线基线无法使用,则使用正常基线或直线基线。

3. 本条第 1 款所指的直线群岛基线应为连接各岛屿低潮线上的最外点和印度尼西亚群岛各干礁最外缘各点的直线。

4. 本条第 3 款所指的直线群岛基线不应将低潮高地划入,除非低潮高地上已建有灯塔或类似的设施并永久高于海平面,或该低潮高地全部或一部分与最近岛屿的距离不超过领海的宽度。

5. 本条第 2 款所指的正常基线是沿海岸的最低潮线。

6. 本条第 2 款所指的直线基线为连接向前延伸并转向陆地的海岸线上或与邻近海岸并沿着海岸的一系列岛屿上的最外缘各点的直线。

第六条

1. 本法第五条所指印度尼西亚的群岛基线,应在足以确定这些线的位置的比例尺海图上标出,或可以用列出各点地理坐标并注明大地基准点的表来代替。

2. 第 1 款所指的标明印度尼西亚领水的足够比例尺的海图,或印度尼西亚群岛的地理坐标表由政府规章进一步规定。

3. 印度尼西亚政府妥为公布本条第 1 款所指的足够比例尺的海图或地理坐标表,并应将上述地理坐标表交由联合国秘书长保存。

第七条

1. 在群岛水域中,为规定内陆水域的界限,印度尼西亚政府可以在河口、江口、海湾、内海和海港划封口线。

2. 内陆水域包括:

(1)内海;

(2)陆地水域。

3. 本条第 2 款(1)项所指的内海为位于封口线向陆一侧和低潮线向海一侧的海域。

4. 本条第 2 款(2)项所指的陆地水域应为位于低潮线向陆一侧的全部水域。在陆地水域的河口,陆地水域应为位于河口封口线向陆一侧的全部水域。

第八条

印度尼西亚领海的外部界限从基线起算,按第五条所指的规定划出。

第九条

1. 在不减损本法第四条规定的情况下,印度尼西亚政府应尊重并承认与他国之间的现有有关组成其群岛水域的水域部分的承诺和协议。

2. 实施本条第 1 款所指权利和活动的条款,包括上述权利和活动有效的性质、范围和地区,在相关国请求下,由双边协议规定。

3. 本条第 2 款所指的权利不应转让或部分让与第三国或其国民。

4. 由外国或法人已经铺设的通过印度尼西亚水域,但不进入陆地的海底通信电缆应被尊重。

5. 在接到关于这种电缆的位置和修理或更换电缆的意图的适当通知后,

印度尼西亚政府应允许对本条第 4 款所指的电缆进行修理和更换。

第十条

1. 当印度尼西亚海岸的位置与他国相邻或相向时,如果没有相反协议,印度尼西亚与该国的领海界限应为中间线,线上各点到测算两国领海宽度基线上最近点的距离相等。

2. 如果由于历史权利或其他特殊情况导致有必要按照不同于上述规定的方式划定两国的领海界限,则本条第 1 款所指的规定不生效。

第三章　外国船舶和飞机的通过权

第一节　和平通过权

第十一条

1. 所有沿海国及非沿海国的船只,享有和平通过印度尼西亚群岛的领海和水域的权利。

2. 通过是指为如下目的航行穿过印度尼西亚群岛领海和水域:

(1)通过上述海域而不进入内陆水域或停在海上下锚或停在内陆水域外的海港设施,或者

(2)经过或经由内陆水域或停在海上或上述海港设施。

3. 本条第 1 款所指的和平穿越应继续不停和迅速进行,通过包括停船或下锚在内,但以通常航行所附带发生的或由于不可抗力或遇难所必要的或为救助遇险或遇难的人员、船舶或飞机的目的为限。

第十二条

1. 通过只要不损害印度尼西亚的和平、良好秩序或安全就是和平的。通过应按照《公约》和其他国际法的规定进行。

2. 如果外国船只在领海或群岛水域从事了《公约》和(或)其他国际法所禁止的活动,其通过应被认为危及印度尼西亚的和平、良好秩序或安全。

3. 本条第 1 款和第 2 款所指的和平通过的进一步规定应由政府规章规定。

第十三条

1. 如为保护国家安全,包括武器演习的需要,印度尼西亚政府可以在领

海或群岛水域的特定区域内临时推迟各种外国船舶的和平通过。

2. 本条第 1 款所指的推迟在按照有效规定公布后生效。

3. 本条第 1 款和第 2 款所指的临时推迟的进一步规定应由政府规章规定。

第十四条

1. 适当考虑到航行安全的要求,印度尼西亚政府应规定领海和群岛水域的海道和分道通航制。

2. 本条第 1 款所指领海和群岛水域的海道和分道通航制使用的进一步规定由政府规章规定。

第十五条

在行使和平通过领海和群岛水域的权利时,潜艇及其他潜水器应在水面航行并展示其旗帜。

第十六条

外国核动力船舶及载有核物质或其他本质上危险或有毒物质的外国船舶,如果要行使其和平穿越权,必须持有国际协议规定的文件并遵守国际协议规定的特殊预防措施。

第十七条

关于外国商船、军舰和用于商业或非商业目的的政府船舶和平通过印度尼西亚水域的权利和义务,应由政府规章规定。

第二节　群岛海道通过权

第十八条

1. 在特别规定的海道进行群岛海道通过,是依照《公约》的规定行使正常方式的航行和飞越,该通过只能继续不停和迅速通过,并且不能受到阻碍。

2. 沿海和非沿海国的各种船舶和飞机,应享有穿过公海或印度尼西亚专属经济区的一部分和公海或印度尼西亚专属经济区另一部分之间的印度尼西亚群岛水域的群岛海道通过权。

3. 本条第 1 款和第 2 款所指外国船舶和飞机使用群岛海道通过权的权利和义务,应由政府规章进一步规定。

第十九条

1. 印度尼西亚政府应确定适合本法第十八条所指外国船舶和飞机使用

的群岛海道通过权的海道，包括其上的飞行路线，并应为船舶安全通过海峡的目的规定本法第十四条所指的分道通航制。

2. 本条第 1 款所指的海道和飞行路线由一系列相互连接的中心线确定，中心线从路线入口起穿过相邻的群岛水域和领海到出口。

3. 如有需要，在做出适当通知后，之前已经规定的海道和分道通航制可以由其他海道和分道通航制代替。

4. 海道和分道通航制的确定和变更，印度尼西亚政府应向主管国际组织提出计划以达成双边协定。

5. 政府确定的海道和分道通航制应在海图上公布。

6. 外国船舶通过群岛海道时应遵守已经规定的海道和分道通航制。

7. 本条第 1 款所指的海道和分道通航制的进一步规定，应由政府规章规定。

第三节　过境通过权

第二十条

1. 所有外国船舶和飞机仅以继续不停和迅速通过为目的，可自由航行或飞行穿过公海或印度尼西亚专属经济区的一部分或公海或印度尼西亚专属经济区另一部分之间的印度尼西亚领海。

2. 过境通过权应按照《公约》、其他国际法和(或)有效的立法规定的规定行使。

第二十一条

1. 如有需要，在适当遵守航行安全的条件下，印度尼西亚政府可为本法第二十条所指的过境通过指定海道和分道通航制。

2. 关于本条第 1 款所指的海道和分道通航制，应由政府规章进一步规定。

第四节　访问和通信权

第二十二条

1. 如果印度尼西亚群岛水域的一部分位于邻国领土的两部分之间，印度尼西亚应基于双边协议尊重该国在该水域的现有权利及传统的其他法律利益。

2. 印度尼西亚政府尊重海底电缆的铺设并允许通过事先合适通知的方式对现有电缆的维护和更换。

第四章　印度尼西亚水域环境的利用、管理、保护和保全

第二十三条

1. 印度尼西亚水域环境的利用、管理、保护和保全依照有效的国家立法规定和国际法进行。

2. 印度尼西亚水域的管理、管辖、保护和环境保全基于现行立法规定实施。

3. 为增强本条第1款所指的环境的利用、管理、保护和保全,可根据需要由总统法令规定,建立一个协调机构。

第五章　印度尼西亚水域中主权和法律的维护

第二十四条

1. 在印度尼西亚水域、水域上空、海床和底土,包括对其中的自然财富行使主权和执行法律,以及制裁违法应按照《公约》和现行立法的规定实施。

2. 对通过印度尼西亚领海和群岛水域的外国船舶的行使主权和执行法律规定的管辖权,应按照《公约》、其他国际法和现行立法的规定进行。

3. 为实施本条第1款和第2款所指的法律执行,可根据需要由总统法令规定,建立一个协调机构。

第六章　过渡性规定

第二十五条

1. 在本法第六条第2款所指的政府规章尚未制定之前,一份标明印度尼西亚领水的比例尺海图和印度尼西亚群岛基线的地理坐标表应附于本法之后。

2. 只要1960年第4号《印度尼西亚水域法》(原文为“Act No. 4 Prp. of 1960 on Indonesian Waters”,下同——译者注)不违反本法或未被基于本法

的新实施法规取代,其实施细则应保持有效。

第七章 最后规定

第二十六条

随着本法的生效,1960 年第 4 号《印度尼西亚水域法》(1960 年第 22 号国家公报,第 1942 号补充国家公报)不再有效。

第二十七条

本法应于发布之日起生效。

为广而告之,本法将在印度尼西亚共和国政府公报上公布。

印度尼西亚在纳土纳海群岛基线的基点地理坐标表

(1998 年第 61 号政府规章)

印度尼西亚共和国总统,

考虑到:

1. 为履行《联合国海洋法公约》,1996 年第 6 号《印度尼西亚水域法》已规定印度尼西亚群岛基线应标示在足以确定其位置的比例尺海图上,或在印度尼西亚群岛基线的基点地理坐标表上;

2. 作为标明印度尼西亚群岛基线的结果,同时等待全部完成这些群岛基线的标明,迫切需要公布对印度尼西亚在纳土纳海群岛基线的基点地理坐标的信息;

3. 基于上述考虑,有必要发布政府规章,说明印度尼西亚在纳土纳海基点的地理坐标;

并考虑到:

1.1945 年《宪法》第五条第 2 款;

2.1996 年第 6 号《印度尼西亚水域法》(1996 年第 73 号政府公报,第 3617 号补充政府公报);

决定颁布：

《印度尼西亚在纳土纳海群岛基线的基点地理坐标表》。

第一部分　一 般 规 定

第一条

为本政府规章的目的：

（1）“地理坐标”应指在地理经纬度系统中的以弧度的度、分、秒为单位的一组坐标。

（2）“经度”和“纬度”应指地理坐标参考系统。

（3）“海里”应指“地理英里”,包含经度1度的六十分之一。

第二部分　群 岛 基 线

第二条

1. 纳土纳海中的群岛基线是在适当尊重与邻国关于组成印度尼西亚群岛水域的海洋区域的现有条约和协议的基础上确定的。

2. 纳土纳海中的印度尼西亚群岛基线确定在以下最外缘岛屿低潮线的最外缘点上。

（1）在Bintan岛北面的Tanjung Berakit和Bintan岛东面的Sentut岛之间；

（2）在Bintan岛东面的Sentut岛和Anambas岛中的Tokong Malangbiru岛之间；

（3）在Anambas岛中的Tokong Malangbiru岛和Anambas岛中的Damar岛之间；

（4）在Anambas岛中的Damar岛和Anambas岛中的Mangkai岛之间；

（5）在Anambas岛中的Mangkai岛和Anambas岛中的Tokong Nanas岛之间；

（6）在Anambas岛中的Tokong Nanas岛和Anambas岛中的Tokong Belayar岛之间；

（7）在Anambas岛中的Tokong Belayar岛和Natuna Utara岛中的Tokong Boro

岛之间；

（8）在 Natuna Utara 岛中的 Tokong Boro 岛和 Natuna Utara 岛中的 Semiun 岛之间；

（9）在 Natuna Utara 岛中的 Semiun 岛和 Natuna Utara 岛中 Laut 岛西面的 Sebetul 岛之间；

（10）在 Natuna Utara 岛中 Laut 岛西面的 Sebetul 岛和 Natuna Utara 岛中 Laut 岛东面的 Sekatung 岛；

（11）在 Sekatung 岛北面的两点之间；

（12）在 Natuna Utara 岛中 Laut 岛西面的 Sekatung 岛和 Natuna Besar 岛中的 Bunguran 岛西面的 Senua 岛；

（13）在 Natuna Besar 岛中的 Bunguran 岛西面的 Senua 岛和 Natuna Selatan 岛中的 Subi Besar 岛之间；

（14）在 Natuna Selatan 岛中的 Subi Besar 岛和 Natuna Selatan 岛中的 Kepala 岛之间；

（15）在 Natuna Selatan 岛中的 Kepala 岛和 West Kalimantan 中的 Tanjung Datu。

第三部分　纳土纳海中印度尼西亚群岛基线的基点地理坐标表

第三条

1. 第二条所述的确定领海宽度的基线基点的位置以地理坐标表示，用大地基准作为参考。

2. 第二条所指的基线基点的地理坐标表作为附件 1 附于本政府规章之后。

3. 第二条所指基点的地理坐标表以经度和纬度表明其地理位置，并提供关于上述点的位置的信息、场地引导系统、基线各点之间的距离、基线类型和参考图表及其比例。

4. 本条第 2 款所指的表是政府规章的组成部分。

5. 本条第 2 款所指基线基点的地理坐标标明在地图中，作为附件 2 附于政府规章之后。

第四条

如果在实地的印度尼西亚群岛基线基点位置和第三条第（2）款规定的数据不一致，应以实地的基线点位置为准。

第四部分 最后规定

第五条

本政府规章应于公布之日起生效。

为了使一切相关方能知道本规章，本规章应在印度尼西亚共和国政府公报中公布。

1998 年 6 月 16 日于雅加达完成。

对《印度尼西亚在纳土纳海群岛基线的基点地理坐标表（1998 年第 61 号政府规章）》的解释

一般总结

根据 1985 年第 17 号《关于批准 1982 年〈联合国海洋法公约〉的法律》，1996 年第 6 号《印度尼西亚水域法》的第六条，印度尼西亚政府决定通过足够标明基点位置的比例尺海图，或用大地基准作为参考的群岛基线基点地理坐标表确定纳土纳海中印度尼西亚群岛基线的基点。印度尼西亚政府的该决定也符合 1982 年《联合国海洋法公约》。

附于 1996 年第 6 号《印度尼西亚水域法》之后的示意图，特别对包括 Bintan 岛、Anambas 岛、Natuna Utara 岛和 Natuna Selatan 岛周围海域在内的纳土纳海，大致表明了按照 1982 年《联合国海洋法公约》确定的基线位置。

基于附于 1960 年第 4 号（原文为“Act No. 4 Prp. of 1960，下同——译者注）《印度尼西亚水域法》之后的海图，之前被认为是公海的纳土纳海南部水域在从基线量起 12 海里的范围内是领海。

根据 1983 年第 5 号《印度尼西亚专属经济区法》，纳土纳海南部水域是印度尼西亚专属经济区的一部分。

随着附于 1996 年第 6 号《印度尼西亚水域法》之后的示意图所表明的

基线的确定，这些基线向内一侧的水域成为群岛水域，不再属于专属经济区并且不再是 1960 年第 4 号《印度尼西亚水域法》中所描述的领海或公海。

同时，根据 1996 年第 6 号法律第十九条第（4）款和 1982 年《联合国海洋法公约》第五十三条第（9）款，印度尼西亚正在与国际海事组织一同完成其群岛海道的确定。计划中的一条海道穿过 Riau 岛、Anambas 岛、纳土纳海岛和 Natuna Selatan 岛的水域。

虽然 1982 年《联合国海洋法公约》规定群岛海道必须在群岛水域上指定，但事实上纳土纳海水域作为群岛水域是在 1996 年才在附于 1996 年第 6 号法案之后的地图中标明。为了与国际海事组织一起完成纳土纳海中印度尼西亚群岛海道的确定，有必要确定纳土纳海中印度尼西亚群岛基线基点的地理坐标。

根据上述情况并等待完整的印度尼西亚群岛基线基点地理坐标表的完成，有必要颁布政府规章，表明纳土纳海中特定群岛基线的基点地理坐标。

逐条解释

第一条

不用说明。

第二条

第 1 款

本款所指的条约和协议指 1969 年《印度尼西亚共和国政府和马来西亚政府关于两国之间大陆架的划界协议》和 1982 年《印度尼西亚共和国和马来西亚关于群岛国法律制度和马来西亚在其东南方的印度尼西亚共和国领海和群岛水域以及领海、群岛水域和领土上空的权利条约》。

第 2 款

“a”点到“j”点与“i”点到“o”点所指的群岛基线为直线群岛基线，而“k”点所指的基线为正常基线。

本条所指的群岛基线的划定符合 1996 年第 6 号《印度尼西亚水域法》第五条和 1982 年《联合国海洋法公约》第四十七条的规定。

本条所指的群岛直线基线是指在最外缘岛屿、各干礁或低潮高地的低潮线的最外缘各点和相邻最外缘各岛的类似最外缘各点之间所划的直线基线。

“正常基线”是指沿岸的低潮线。

“低潮线”指基于最低低潮线（LLW）平均位置的航海地图的水道测量基准。

本条使用的群岛直线基线依照区域内群岛的一般轮廓划出。

上述群岛直线基线可在上面筑有永久高于海平面的灯塔或类似设施的低潮高地的最外缘，或者其全部或一部分与最近的岛屿的距离不超过领海的宽度的低潮高地的低潮线最外缘划出。

群岛直线基线的长度不超过100海里。

第三条

第1款

大地基准是用以在水文图上指定地理坐标点的数学参考。

第2款

不用说明。

第3款

不用说明。

第4款

本政府规章所指的群岛基线的基点地理坐标基于测量确定。

第5款

附录2中的地图是指明纳土纳海中群岛基线的准确位置和本政府规章附录1所指的群岛基线基点地理坐标的最外缘各点的示意图。

第四条

考虑到准确和永久标明整个印度尼西亚海岸线的全部群岛基线全部基点时的困难，或重新确定由于自然原因改变的基点时的困难，为法律确定的目的，可通过观察实际位置的方法确定这些区域的基点基线。

第五条

不用说明。

附 件 1

1988 年第 61 号印度尼西亚共和国政府规章（1988 年 6 月 16 日）纳土纳海中印度尼西亚群岛基线基点的地理坐标表

1. 纳土纳海 北纬 01°14′15″ 东经 104°34′20″	a. Tanjung Berakit（Bintan 岛） 最靠近的标石 = 参照点 TR No. 01 基点 = TD No. 01 b. 距离 = 19.19 海里 （TD 01 – TD 01A） c. 群岛直线基线	431 1：200.00 1984 年世界大地测量系统 （WGS–84）
2. 纳土纳海 北纬 01°02′53″ 东经 104°49′49″	a. Sentut 岛（Mapor 岛北部） 最靠近的标石 = 参照点 TR No. 01A 基点 = TD No. 01A b. 距离 = 87.73 海里 （TD 01A – TD 22） c. 群岛直线基线	431 1：200.00 1984 年世界大地测量系统 （WGS–84）
3. 纳土纳海 北纬 02°17′59″ 东经 105°35′43″	a. Tokong Malangbiru 岛） （Anambas 岛） 最靠近的标识 = 参照点 TR No. 22 基点 = TD No. 22 b. 距离 = 29.41 海里 （TD 23 – TD 24） c. 群岛直线基线	424 1：200.00 1984 年世界大地测量系统 （WGS–84）
4. 纳土纳海 北纬 02°44′30″ 东经 105°22′45″	a. Damar 岛（Anambas 岛） 最靠近的标石 = 参照点 TR No. 23 基点 = TD No. 23 b. 距离 = 24.40 海里 （TD 23 – TD 24） c. 群岛直线基线	424 1：200.00 1984 年世界大地测量系统 （WGS–84）
5. 纳土纳海 北纬 03°05′45″ 东经 105°34′55″	a. Mangkai 岛（Anambas 岛） 最靠近的标石 = 参照点 TR No. 24 基点 = TD No. 24 b. 距离 = 25.95 海里 （TD 24 – TD 25）[3] c. 群岛直线基线	423 1：200.00 1984 年世界大地测量系统 （WGS–84）

续 表

6. 纳土纳海 北纬 03°19′44″ 东经 105°56′50″	a. Tokong Nanas 岛（Anambas 岛） 最靠近的标石 = 参照点 TR No. 25 基点 = TD No. 25 b. 距离 = 20.66 海里 （TD 25 – TD 26） c. 群岛直线基线	423 1：200.00 1984 年世界大地测量系统 （WGS–84）
7. 纳土纳海 北纬 03°27′05″ 东经 106°16′09″	a. Tokong Belayar 岛（Anambas 岛） 最靠近的标石 = 参照点 TR No. 26 基点 = TD No. 26 b. 距离 = 79.06 海里 （TD 26 – TD 28） c. 群岛直线基线	423 1：200.00 1984 年世界大地测量系统 （WGS–84）
8. 纳土纳海 北纬 04°04′00″ 东经 107°26′11″	a. Tokong Boro 岛（Natuna Utara 岛） 最靠近的标石 = 参照点 TR No. 28 基点 = TD No. 28 b. 距离 = 32.47 海里 （TD 28 – TD 29） c. 群岛直线基线	422 1：200.00 1984 年世界大地测量系统 （WGS–84）
9. 纳土纳海 北纬 04°31′30″ 东经 107°43′40″	a. Serniun 岛（Natuna Utara 岛） 最靠近的标石 = 参照点 TR No. 29 基点 = TD No. 29 b. 距离 = 15.41 海里 （TD 29 – TD 30A） c. 群岛直线基线	421 1：200.00 1984 年世界大地测量系统 （WGS–84）
10. 纳土纳海 北纬 04°42′27″ 东经 107°54′35″	a. Sebetul 岛（West of Laut 岛， Natuna Utara 岛） 最靠近的标石 = 参照点 TR No. 30A 基点 = TD No. 30A b. 距离 = 8.52 海里 （TD 30A – TD 30） c. 群岛直线基线	421 1：200.00 1984 年世界大地测量系统 （WGS–84）
11. 纳土纳海 北纬 04°47′45″ 东经 108°02′17″	a. Sekatung 岛（East of Laut 岛， Natuna Utara 岛） 最靠近的标石 = 参照点 TR No. 30 基点 = TD No. 30 b. 距离 = 0.54 海里 （TD 30 – TD 30B） c. 正常基线	421 1：200.00 1984 年世界大地测量系统 （WGS–84）

续 表

12. 纳土纳海 北纬 04°47′40″ 东经 108°00′48″	a. Sekatung 岛（East of Laut 岛，Natuna Utara 岛） 最靠近的标石 = 参照点 TR No. 30B 基点 = TD No. 30B b. 距离 = 52.66 海里 （TD 30B – TD 31） c. 群岛直线基线	421 1∶200.00 1984 年世界大地测量系统 （WGS-84）
13. 纳土纳海 北纬 04°00′50″ 东经 108°25′20″	a. Senua 岛（East of Bunguran 岛，Natuna Utara 岛） 最靠近的标石 = 参照点 TR No. 31 基点 = TD No. 31 b. 距离 = 66.23 海里 （TD 31– TD 32） c. 群岛直线基线	421 1∶200.00 1984 年世界大地测量系统 （WGS-84）
14. 纳土纳海 北纬 03°01′30″ 东经 108°55′20″	a. Subi Besar 岛（Natuna Selatan 岛） 最靠近的标石 = 参照点 TR No. 32 基点 = TD No. 32 b. 距离 = 66.23 海里 （TD 32– TD 33） c. 群岛直线基线	420 1∶200.00 1984 年世界大地测量系统 （WGS-84）
15. 纳土纳海 北纬 02°38′40″ 东经 109°10′01″	a. Kepala 岛（Natuna Selatan 岛） 最靠近的标石 = 参照点 TR No. 33 基点 = TD No. 33 b. 距离 = 44 海里 （TD 33 – TD 35） c. 群岛直线基线	420 1∶200.00 1984 年世界大地测量系统 （WGS-84）

附件 2 略。

关于外国船舶和飞机行使群岛海道通过权通过指定的群岛海道的权利和义务的政府规章

（第 37 号政府规章，2002 年 6 月 28 日）

印度尼西亚政府总统，

考虑到：

1.1996 年 11 月 6 日《关于印度尼西亚水域的法律》的规定是对 1982 年

《联合国海洋法公约》的执行,其规定外国船舶和飞机行使群岛海道通过权时的权利和义务应由政府规章确定;

2.1996 年 11 月 6 日关于印度尼西亚水域的该法还规定,政府通过指定各中心线确定最适当的海道,包括海道上空的空中航道,并在海图上公布;

3. 在 1998 年国际海事组织第 69 届会议上,海上安全委员会以第 MSC.72(69)号决议,通过了印度尼西亚提交的印度尼西亚的群岛海道;

4. 基于前三点考虑,需要确立关于外国船舶和飞机行使群岛海道通过权通过指定海道时的权利和义务的政府规章。

鉴于:

1. 在《〈1945 年宪法〉第三修正案》中,《1945 年宪法》的第五条第 2 款;

2. 1996 年 11 月 6 日《关于印度尼西亚水域的法律》(1996 年第 73 号政府公报,第 3647 号,补充政府公告)。

决定颁布:

《关于外国船舶和飞机行使群岛海道通过权通过指定的群岛海道的权利和义务的政府规章》。

第一章 一般规定

第一条

为本政府规章的目的:

(1)"《法律》"指 1996 年 11 月 6 日《关于印度尼西亚水域的法律》。

(2)"群岛海道"为《法律》第一条第 8 款定义的海道,在该款中群岛海道被描述为行使群岛海道通过权的通道。

(3)"群岛海道通过权"为《法律》第十八条第 1 款和第 2 款定义的外国船舶和飞机通过的权利。

(4)"无害通过权"为《法律》第十一条定义的外国船舶和飞机通过的权利。

(5)"领海"为《法律》第三条第 2 款定义的领海。

(6)"群岛水域"为《法律》第三条第 3 款定义的水域。

(7)"公约"为《法律》第一条第 9 款定义的公约。

第二章　外国船舶和飞机行使群岛海道通过权时的权利和义务

第二条

外国船舶和飞机可以为在公海或专属经济区的一部分和公海或专属经济区的另一部分之间航行或飞越的目的行使群岛海道通过权，通过印度尼西亚的领海和群岛水域。

第三条

1. 依据本规章第十一条的规定，行使第二条描述的群岛海道通过权，是为通过的目的穿过被指定为群岛海道的海道或其上的空中航道。

2. 依据本规章，在印度尼西亚水域的其他部分为通过的目的指定了群岛海道之后，能在那些水域中行使群岛海道通过权。

第四条

1. 外国船舶和飞机行使群岛海道通过权，必须仅为继续不停、迅速和无障碍地过境的目的，以正常方式毫不迟延地穿过和飞越群岛海道。

2. 外国船舶和飞机行使群岛海道通过权，不应偏离中心线两侧 25 海里以外，但这种船舶和飞机在通过时与海岸的距离不应小于海道边缘各岛最近各点之间距离的 10%。

3. 外国船舶和飞机行使群岛海道通过权，必须不对印度尼西亚共和国的主权、领土完整或政治独立进行任何武力威胁或使用武力，或以任何其他违反《联合国宪章》所体现的国际法原则的方式进行武力威胁或使用武力。

4. 外国军舰和军用飞机在行使群岛海道通过权时，不得进行军事演习或以任何种类的武器开火演习。

5. 除了不可抗力或危难的情况，飞机在行使群岛海道通过权时，不得在印度尼西亚的领土着陆。

6. 所有外国船舶在行使群岛海道通过权时，均不被允许在通过期间停船或下锚或游弋，除非由于不可抗力或遇难或为救助遇险或遭难的人员、船舶或飞机的目的。

7. 外国船舶和飞机行使群岛海道通过权时，禁止从事未经授权的广播或干扰无线电通信系统，并禁止与印度尼西亚境内未获授权的个人或团体建立直接通信。

第五条

外国船舶或飞机,包括用于研究或水文测量的船舶在行使群岛海道通过权时,未经授权,不应使用探测设备或样品搜集设备从事海洋科学研究或水文调查。

第六条

1. 外国船舶,包括渔船,行使群岛海道通过权时,禁止进行捕鱼活动。

2. 外国渔船行使群岛海道通过权,在被要求履行本条第 1 款规定的义务时,必须收起其捕鱼装置。

3. 外国船舶或飞机行使群岛海道通过权,不应违反海关、移民、财政、卫生的法律,不可上下人员、货物或货币,但不可抗力或危难时除外。

第七条

1. 外国渔船在行使群岛海道通过权时,应遵守一般接受的关于海上安全的国际规章、程序和惯例,包括关于海上避碰的规则。

2. 在群岛海道的分道通航制中的过境船舶有义务遵守该分道通航制。

3. 外国船舶行使群岛海道通过权,不应损害或干扰导航设备和海底电缆和管道。

4. 外国船舶在为勘探或开发自然资源而安置设施的区域行使群岛海道通过权,不应在该设施周围 500 米的禁止性区域内航行。

第八条

1. 外国民用飞机行使群岛海道通过权,应当:

(1)遵守国际民用航空组织制定的有关航空安全的航空规则;

(2)随时监听空中交通管制主管机构所分配的无线电频率或有关的国际呼救无线电频率。

2. 外国政府飞机行使群岛海道通过权,应当:

(1)尊重本条第 1 款(1)项规定的有关航空安全的航空规则;

(2)遵守本条第 1 款(2)项规定的义务。

第九条

1. 外国船舶行使群岛海道通过权时,禁止向海洋排放油类、油污废物和其他危险物质,以及(或)从事违反国际规章的其他活动,以防止、减少和控制来自船舶的海洋污染。

2. 外国船舶行使群岛海道通过权时,禁止向印度尼西亚水域倾倒废物。

3. 外国核动力船舶或运载核物质或其他本质上危险或有毒物质或材料的船舶行使群岛海道通过权,必须持有国际协定为这种船舶所规定的证书并遵守国际协定所规定的特别预防措施。

第十条

1. 负责操作外国货运船舶、飞机或用于商业目的的政府所有的船舶和飞机的自然人或法人行使无害通过权,应承担因违反第七条、第八条和第九条导致的印度尼西亚所遭受的任何损失或损害。

2. 船舶的船旗国或飞机的登记国,应承担军舰或外国飞机在行使群岛海道通过权时,因违反本规章第七条、第八条和第九条导致的印度尼西亚所遭受的任何损失或损害的国际责任。

第三章　用于行使群岛海道通过权的群岛海道的指定

第十一条

1. 用于行使群岛海道通过权在南中国海和印度洋之间航行,或在相反的方向上通过纳土纳海、卡里马达海峡(Karimata Strait)、爪哇海的群岛海道,为群岛海道 I。它构成连接地理坐标表描述的点 I-1 到点 I-15 的中心线,并在第十二条第 2 款中得到解释。

2. 本条第 1 款描述的群岛海道 I,是从新加坡海峡航行穿过纳土纳海而包括在点 I-3 处连接群岛海道 I 的群岛海道支线 IA,并构成连接地理坐标表描述的点 IA-1 和点 I-15 的中心线,并在本规章第十二条第 2 款中得到解释。

3. 用于行使从苏拉威西海(Sulawesi Sea)航行到印度洋,或在相反方向上穿过望加锡海峡(Makassar Strait)、弗洛勒斯海(Flores Sea)和龙目海峡(Lombok Strait)的群岛海道通过权的群岛海道,为群岛海道 II。它构成连接地理坐标表描述的点 II-1 到点 II-8 的中心线,并在本规章第十二条第 2 款中得到解释。

4. 用于行使从太平洋航行到印度洋,或在相反方向上穿过马鲁古海(Maluku Sea)、塞兰海(Seram Sea)、班达海(Banda Sea)、翁拜海峡(Ombai

Strait)和萨乌海(Sawu Sea)的群岛海道通过权的群岛海道,为群岛海道 III。它构成连接地理坐标表描述的点 III.A–1 到点 III.A–13 的中心线,并在本规章第十二条第 2 款中得到解释。

5. 本条第 4 款规定的群岛海道 III.A 包括:

(1)群岛海道支线 III.B,是从太平洋航行到印度洋,或在相反方向上穿过马鲁古海、塞兰海、班达海和勒蒂海峡(Leti Strait)而在点 III.A–8 处连接群岛海道支线 III.A,并构成连接地理坐标表描述的点 III.A–8、点 III.B–1 和点 III.B–2 的中心线,并在本规章第十二条第 2 款中得到解释;

(2)群岛海道支线 III.C,是从太平洋航行到阿拉弗拉海(Arafura Sea),或在相反方向上穿过马鲁古海、塞兰海和班达海而在点 III.B–1 处连接群岛海道支线 III.B,并构成连接地理坐标表描述的点 III.B–1、点 III.C–1 和点 III.C–2 的中心线,并在本规章第十二条第 2 款中得到解释;

(3)群岛海道支线 III.D,是从太平洋航行到印度洋,或在相反方向上穿过马鲁古海、塞兰海、班达海、翁拜海峡和萨乌海而在点 III.A–11 处连接群岛海道支线 III.A,并构成连接地理坐标表描述的点 III.A–11 和点 III.D–1 的中心线,并在本规章第十二条第 2 款中得到解释;

(4)群岛海道支线 III.E,是从太平洋航行到苏拉威西海或在相反方向上穿过萨乌海、翁拜海峡、班达海、塞兰海和马鲁古海,或为从帝汶海(Timor Sea)航行到苏拉威西海或在相反方向上穿过勒蒂海峡(Leti Strait)、班达海、塞兰海和马鲁古海,或是从阿拉弗拉海航行到苏拉威西海或在相反方向上穿过班达海峡(Banda Strait)、塞兰海和马鲁古海而在点 III.A–2 处连接群岛海道支线 III.A,并构成连接地理坐标表描述的点 III.A–2、III.E–1 和点 III.E–2 的中心线,并在本规章第十二条第 2 款中得到解释。

第十二条

1. 本规章第十一条规定的群岛海道的中心线和这些海道的连接点标示在按要求公布的海图上。

2. 本规章第十一条规定的群岛海道的连接点地理坐标在附件 I、附件 II、附件 III、附件 III.A 和附件 III.B 中的地理坐标表中列出。

3. 在 I–1、I–15、I.A–1、II–1、II–8、III.A–1、III.A–13、III.B–2、III.C–2、III.D–1 和 III.E–2 处的群岛海道的连接点,作为本规章第十二条第 2 款规定的地理坐标表

中列出的最突出的连接点，位于群岛海道中心线和领海边界线的交汇处。

4. 若随着自然变化，最突出的连接点与本规章第十二条第 2 款规定的地理坐标表不再一致，这些点的地理位置应在准确位置上确定。

5. 在附件 IV、附件 VI 和附件 VII 中附上一份描述本规章第十一条规定的中心线和连接点的明确海图。

第四章　其 他 规 定

第十三条

本政府规章的规定不应减损外国船舶在群岛海道中行使无害通过的权利。

第十四条

本政府规章关于印度尼西亚群岛海道通过的规定对与东帝汶接壤的勒蒂海峡和部分翁拜海峡无效，因为由于东帝汶的地位改变，这些海峡不再是印度尼西亚群岛水域的一部分。

第十五条

本政府规章生效 6 个月以后，外国船舶和飞机可以通过本政府规章指定的印度尼西亚群岛海道，行使群岛海道通过权。

第五章　最 后 条 款

第十六条

本政府规章应于公布之日起生效。

为广而告之，特此命令本政府规章在印度尼西亚共和国的政府公报上公布。

印度尼西亚共和国总统 Megawati Soekarnoputri

于 2002 年 6 月 28 日在雅加达签署

印度尼西亚共和国国务秘书长 Bambang Kesowo

于 2002 年 6 月 28 日在雅加达颁布

对2002年《关于外国船舶和飞机行使群岛海道通过权通过指定的群岛海道的权利和义务的政府规章》的第37号政府规章的说明

总 述

1996年11月6日《关于印度尼西亚水域的法律》的规定是对1982年《联合国海洋法公约》的执行。依据该公约，印度尼西亚共和国的主权不仅包括陆地、内水、领海和群岛水域，还包括这些区域的上空。

印度尼西亚对其领海和群岛水域享有主权，但依据1982年《联合国海洋法公约》，1996年11月6日《关于印度尼西亚水域的法律》规定，外国船舶和飞机为在公海或专属经济区的一部分和公海或专属经济区的另一部分之间航行或飞越的目的享有群岛海道通过权，通过印度尼西亚的领海和群岛水域。

1996年11月6日《关于印度尼西亚水域的法律》对1982年《联合国海洋法公约》规定的群岛海道通过权作出基本规定，而对此项权利的进一步安排在政府规章中规定。

由此，在群岛海道通过方面，上述政府规章构成对1996年11月6日《关于印度尼西亚水域的法律》和1982年《联合国海洋法公约》关于群岛海道通过规则的执行。

为执行此项规章并依据公约，印度尼西亚可以在通常用于国际航行的航道中指定特殊的群岛海道通过。

由于群岛海道的通过包含特殊的自由，如果在《联合国海洋法公约》第五十三条第12款规定通常用于国际航行的航道之间行使群岛海道通过权，可能会引起安全风险。

为了减小此种风险，指定此种通过的群岛海道是必要的。

印度尼西亚政府考虑到国际社会通过主管国际航行的机构，即国际海事组织（IMO）明确表达的关切而指定这些群岛海道。1998年5月19日，海上安全委员会（MSC-69-IMO）接受了印度尼西亚提交的指定的3条群岛海道及其直线。它们可用于行使群岛海道通过权通过印度尼西亚的水域。为国际海事组织进一步接受印度尼西亚提交的意见，这3条群岛海道及其直线连接点的地理坐标应规定在政府规章中。

这 3 条群岛海道及其直线的指定并不表明，外国船舶为在公海或专属经济区的一部分和公海或专属经济区的另一部分之间航行的目的，只在这 3 条群岛海道及其支线享有通过印度尼西亚水域的群岛海道通过权。其意图在于：公海或专属经济区的一部分和公海或专属经济区的另一部分之间航行的外国船舶，可以在群岛海道之中或群岛海道之外，享有群岛海道通过权和无害通过权通过印度尼西亚水域。

鉴于此项考虑并依据 1996 年 11 月 6 日《关于印度尼西亚水域的法律》，有必要颁布关于外国船舶和飞机行使群岛海道通过权通过指定的群岛海道的权利和义务的政府规章。

本政府规章包括以下有关规定：

（1）一般规定；

（2）关于外国船舶和飞机行使群岛海道通过权通过已建立的海道的权利和义务；

（3）指定行使群岛海道通过权的群岛海道；

（4）其他规定；

（5）最后条款。

作为对 1996 年 11 月 6 日《关于印度尼西亚水域的法律》的执行，本政府规章实现了 1985 年 11 月 17 日第 17 号法律对 1982 年《联合国海洋法公约》的批准。同样，为了确保对本政府规章以及 1982 年《联合国海洋法公约》的一致解释，并依据对 1996 年 11 月 6 日《关于印度尼西亚水域的法律》的说明，在对本政府规章的说明中参照 1982 年《联合国海洋法公约》的条款规定是必要的，特别是在 1996 年 11 月 6 日《关于印度尼西亚水域的法律》没有规定，而 1982 年《联合国海洋法公约》作出规定的情况下。

为确保外国船舶通过印度尼西亚水域中的群岛海道时遵守本政府规章的规定，应当依据 1996 年 11 月 6 日《关于印度尼西亚水域的法律》第二十四条第 1 款的规定进行。相比于其他的管制，此种管制要以 1939 年《领海和海洋环境规章》（1939 年第 443 号政府公报），以及与“对海上任何犯罪的调查指南”有关的 1929 年第 39 号总督令为基础立即执行。

逐条说明

第一条

足够清楚。

第二条

关于群岛海道通过的规定仅可被外国船舶用于通过印度尼西亚水域，在公海或专属经济区的一部分和公海或专属经济区的另一部分之间航行，而关于无害通过的规定可以被外国船舶用于通过印度尼西亚水域而不进入任何印度尼西亚海港或在某个印度尼西亚海港停泊。

在印度尼西亚水域航行的外国船舶有意驶入或驶出任何印度尼西亚海港，必须遵守无害通过的规定，在群岛海道中航行时也必须遵守无害通过的规定及被禁止使用群岛海道通过的规定。

第三条

第 1 款

第 2 款

足够清楚。

第四条

第 1 款

本款规定作为对《公约》（即《联合国海洋法》的简称，下同）第五十四条连同第三十九条第 1 款（1）项的适用。

第 2 款

本款规定作为对《公约》第五十三条的适用。

第 3 款

本款规定作为对《公约》第五十四条连同第三十九条第 1 款（2）项的适用。

第 4 款

在行使群岛海道通过权时，禁止外国军舰和军用飞机从事本款提及的活动，因为这些活动与为继续不停和迅速过境目的的正常通过无直接联系，并且可能造成对国家和平、秩序和安全的干扰。

本款规定作为对《公约》第五十四条连同第三十九条第 1 款（3）项的适用。

第 5 款

在使用群岛海道通过时,禁止外国船舶和飞机从事本款提及的活动,因为这些活动与为继续不停和迅速过境目的的正常通过无直接联系,并且可能造成对国家和平、秩序和安全的干扰。

本款规定作为对《公约》第五十四条连同第三十九条第 1 款(3)项的适用。

第 6 款

在使用群岛海道通过时,禁止外国船舶从事本款提及的活动,因为这些活动与为继续不停和迅速过境目的的正常通过无直接联系,并且可能造成对国家和平、秩序和安全的干扰。

本款规定作为对《公约》第五十四条连同第三十九条第 1 款(3)项的适用。

第 7 款

在使用群岛海道通过时,禁止外国船舶和飞机从事本款提及的活动,因为这些活动与为继续不停和迅速过境目的的正常通过无直接联系,并且可能造成对国家和平、秩序和安全的干扰。

本款规定作为对《公约》第五十四条连同第三十九条第 1 款(3)项的适用。

第五条

本款规定作为对《公约》第五十四条连同第四十条的适用。

第六条

第 1 款

本款规定作为对渔业法律和《公约》第五十四条连同第四十二条第 1 款(3)项的适用。

第 2 款

本款规定作为对渔业法律和《公约》第五十四条连同第四十二条第 1 款(3)项的适用。

第 3 款

本款规定作为对海关、财政、移民和卫生的法律,以及《公约》第五十四条连同第四十二条第 1 款(4)项和第三十九条的适用。

第七条

第 1 款

本款规定作为对《公约》第五十四条连同第三十九条第 2 款(1)项的适用。

第 2 款

本款规定作为对渔业法律和《公约》第五十三条第 1 款的适用。

第 3 款

本款规定作为对《公约》第五十四条连同第四十二条第 1 款（4）项和第四十二条第 1 款（1）项的适用。

第 4 款

禁区是在设施周围设定的区域，其宽度从设施或构成设施永久组成部分的最外缘各点量起 500 米，在此禁止第三方船舶航行。

在行使群岛海道通过时，禁止外国船舶从事本款规定的活动，以保护这些设施不受由外国船舶航行引起的威胁。

第八条

第 1 款

本款规定作为对《公约》第五十四条连同第三十九条第 3 款的适用。

第 2 款

本款规定作为对《公约》第五十四条连同第三十九条第 3 款的适用。

第九条

第 1 款

本款规定作为对《公约》第五十四条连同第四十二条第 1 款（2）项和第二百一十一条第 2 款的适用。

第 2 款

本款规定作为对《公约》第二百一十一条第 1 款的适用。

第 3 款

本款提及的国际条约如下：

（1）《核材料实物保护公约》；

（2）《辐射性核燃料规则（INF Code）》；

（3）《海上危险货物运输规则（IMDG Code）》；

（4）《危险材料和有毒物质规则（HNS Code）》。

第十条

第 1 款

在本款中操作货运船舶或飞机的自然人或法人的责任包括民事责任，例如损失或损害赔偿。

第 2 款

本款规定作为对《公约》第五十四条连同第四十二条第 5 款的适用。

第十一条

足够清楚。

第十二条

第 1 款

在航海图上补充群岛海道是要确保外国船舶的航行能够依照执行《公约》的本政府规章的规定遵守群岛海道通过的要求。

第 2 款

群岛海道各连接点的地理坐标以经度和纬度标明，并连同这些点所处的水域及其他必要数据的解释性注释引用。

第 3 款

足够清楚。

第 4 款

本款规定要从法律上确定有关该中心线最外缘各连接点的实际位置。

第 5 款

本款提及的说明地图包括标示群岛海道中心线位置的一般信息的地图，并非航行参考地图。

第十三条

参见第 7 款的一般解释。

第十四条

关于印度尼西亚指定群岛海道的意见，已由国际海事组织依据 1998 年 5 月 20 日在伦敦召开的海上安全委员会（MSC）第 69 次会议通过的第 72（69）号决议采纳，当时勒蒂海峡（Leti Strait）和部分翁拜海峡（Ombai Strait）仍然是印度尼西亚群岛水域的组成部分。

但是，由于东帝汶地位的改变，勒蒂海峡和部分翁拜海峡不再是印度尼西亚群岛水域的组成部分，而成为位于两个国家之间的海峡。

第十五条

本条规定是对情势变迁的规定，即依据《公约》第五十三条第 12 款的规定，在依照本政府规章外国船舶和飞机行使通过权可以通过某些海道的情况下，也可通过正常用于国际航行的航道，行使海道通过权。

6个月是确保通过群岛海道的航行安全所有必要事项的必需时间。

第十六条

足够清楚。

附 件 I

2002年第37号，印度尼西亚政府规章地理坐标表

群岛海道 I

群岛海道	编 号	坐 标		信 息
		纬 度	经 度	
群岛海道 I：用于行使群岛海道通过权在南中国海和印度洋之间航行，并且反过来，通过纳土纳海、卡里马达海峡（Karimata Strait）、爪哇海和巽他海峡（Sunda Strait）。	I–1 I–2 I–3 I–4 I–5 I–6 I–7 I–8 I–9 I–10 I–11 I–12 I–13 I–14 I–15	03°35′00″N 03°00′00″N 03°50′00″N 03°12′20″S 02°01′20″S 02°01′20″S 02°01′20″S 03°46′00″S 05°12′30″S 05°17′15″S 05°17′15″S 05°15′00″S 05°57′15″S 06°18′30″S 06°24′45″S	108°51′00″E 108°10′00″E 106°16′20″E 106°44′00″E 108°27′00″E 109°19′30″E 109°33′00″E 109°33′00″E 106°54′30″E 106°44′30″E 106°27′30″E 106°12′30″E 105°46′20″E 105°33′15″E 104°41′25″E	地理位置（I–1）到（I–3）决定从南中国海到纳土纳海的中心线。地理位置（I–3）到（I–5）决定从纳土纳海到卡里马达海峡的中心线。地理位置（I–5）到（I–7）决定卡里马达海峡的中心线。地理位置（I–7）到（I–12）决定穿过巽他海峡到印度洋的中心线。地理位置（IA–1）到（I–3）决定从新加坡海峡穿过纳土纳海的中心线。
群岛海道支线IA：用于从新加坡海峡航行到印度洋，并且反过来，穿过纳土纳海、爪哇海和巽他海峡，或穿过纳土纳海到南中国海并且反过来。	IA–1 I–3	01°52′00″N 00°50′00″N	104°55′00″E 106°16′20″E	

印度尼西亚共和国总统

MEGAWATI SOEKARNOPUTRI（签字）

附 件 II
印度尼西亚政府规章，
2002 年第 37 号，2002 年 6 月 28 日地理坐标表
群岛海道II

群岛海道	编 号	坐 标		信 息
		纬 度	经 度	
群岛海道 II：用于从苏拉威西海（Sulawesi Sea）航行到印度洋，并且反过来，穿过望加锡海峡（Makassar Strait）、弗洛勒斯海（Flores Sea）和龙目海峡（Lombok Strait）。	II -1 II -2 II -3 II -4 II -5 II -6 II -7 II -8	00°57′00″N 00°00′00″ 02°40′00″S 03°45′00″S 05°28′00″S 07°00′00″S 08°00′00″S 09°01′00″S	119°33′00″E 119°00′00″E 118°17′00″E 118°17′00″E 117°05′00″E 116°50′00″E 116°00′00″E 115°36′00″E	地理位置（II–1）到（II–2）决定从苏拉威西海到望加锡海峡的中心线。 地理位置（II–2）到（II–5）决定加里曼丹（Kalimantan）和苏拉威西的岛屿之间的中心线。 地理位置（II–5）到（II–7）决定弗洛勒斯海的中心线。 地理位置（II–7）到（II–8）决定龙目海峡和印度洋的中心线。

印度尼西亚共和国总统

MEGAWATI SOEKARNOPUTRI（签字）

此文本为内阁副秘书长法律和立法组签署的原件的真实副本。

Lambock V.Nahattands（签字）

附 件 Ⅲ

2002 年第 37 号，印度尼西亚政府规章地理坐标表

群岛海道Ⅲ

群岛海道	编号	坐标		信息
		纬度	经度	
群岛海道Ⅲ.A：用于从太平洋航行到印度洋，穿过马鲁古海、塞兰海（Seram Sea）、班达海（Banda Sea）、翁拜海峡（Ombai Strait）和萨乌海（Sawu Sea），到萨乌岛或反过来。	Ⅲ.A-1 Ⅲ.A-2 Ⅲ.A-3 Ⅲ.A-4 Ⅲ.A-5 Ⅲ.A-6 Ⅲ.A-7 Ⅲ.A-8 Ⅲ.A-9 Ⅲ.A-10 Ⅲ.A-11 Ⅲ.A-12 Ⅲ.A-13	03°27′00″N 01°40′00″N 01°12′00″N 00°09′00″N 01°53′00″S 02°37′00″S 02°53′00″S 03°20′00″S 08°25′00″S 09°03′00″S 09°23′00″S 10°12′00″S 10°44′30″S	127°40′30″E 126°57′30″E 126°54′00″E 126°20′00″E 127°02′00″E 126°30′00″E 125°30′00″E 125°30′00″E 125°20′00″E 123°34′00″E 122°55′00″E 121°18′00″E 120°45′45″E	地理位置（Ⅲ.A-1）到（Ⅲ.A-5）决定太平洋到印度洋穿过马鲁古海的中心线。 地理位置（Ⅲ.A-5）到（Ⅲ.A-7）决定通过塞兰海的中心线。 地理位置（Ⅲ.A-7）到（Ⅲ.A-9）决定从班达海到翁拜海峡的中心线。 地理位置（Ⅲ.A-9）到（Ⅲ.A-13）决定穿过翁拜海峡和萨乌（Sawu）和松巴（Sumba）的岛屿之间的萨乌海，到印度洋的的中心线。

印度尼西亚共和国总统

MEGAWATI SOEKARNOPUTRI

这是内阁副秘书长法律和立法组签署的原件的真实副本。

Lambock V.Nahattands（签字）

附 件 Ⅲ.A
2002 年第 37 号，印度尼西亚政府规章地理坐标表
群岛海道Ⅲ.B 和Ⅲ.C

群岛海道	编 号	坐标		信 息
		纬 度	经 度	
群岛海道支线Ⅲ.B：用于从太平洋航行到帝汶海（Timor Sea），或反过来，穿过马鲁古海、塞兰海、班达海和勒蒂海峡（Leti Strait）。	Ⅲ.A-8 Ⅲ.B-1 Ⅲ.B-2	03°20′00″S 04°00′00″S 08°31′00″S	125°30′00″E 125°40′30″E 127°33′00″E	地理位置（Ⅲ.A-8）到（Ⅲ.B-2）决定穿过班达海和勒蒂海峡到帝汶海的中心线。
群岛海道支线Ⅲ.C：用于从太平洋航行到阿拉弗拉海（Arafura Sea），或反过来，穿过马鲁古海、塞兰海和班达海。	Ⅲ.A-8 Ⅲ.B-1 Ⅲ.C-1 Ⅲ.C-2	03°20′00″S 04°00′00″S 06°10′00″S 06°44′00″S	125°30′00″E 125°40′30″E 131°45′00″E 132°35′00″E	地理位置（Ⅲ.B-1）到（Ⅲ.C-2）决定从班达海到阿拉弗拉海的中心线。

印度尼西亚共和国总统

MEGAWATI SOEKARNOPUTRI

此文本为内阁副秘书长法律和立法组签署的原件的真实副本。

Lambock V.Nahattands（签名）

附 件 Ⅲ.B
2002年第37号印度尼西亚政府规章地理坐标表
群岛海道Ⅲ.D和Ⅲ.E

群岛海道	编 号	坐 标		信 息
		纬 度	经 度	
群岛海道支线Ⅲ.D：用于从太平洋航行到印度洋，或在相反方向上穿过马鲁古海、塞兰海、班达海、翁拜海峡和萨乌海。	Ⅲ.A-11 Ⅲ.D-1	09°23′00″S 10°58′00″S	122°55′00″E 122°11′00″E	地理位置（Ⅲ.A-11）到（Ⅲ.D-1）决定从萨乌海到萨乌和罗地岛（Roti岛）之间的印度洋的中心线。
群岛海道支线Ⅲ.E：用于从太平洋航行到苏拉威西海，或反过来，穿过马鲁古海、塞兰海、班达海、翁拜海峡和萨乌海到萨乌岛西部，或萨乌海到萨乌岛西部，或到印度洋，穿过马鲁古海、塞兰海、班达海、勒蒂海峡和帝汶海，或塞兰海和班达海，到阿拉弗拉海并返回。	Ⅲ.E-2 Ⅲ.E-1 Ⅲ.A-2	04°32′12″N 04°12′06″N 01′40′00″N	125°10′24″E 126°01′00″E 126°57′30″E	地理位置（Ⅲ.E-2）到（Ⅲ.A-2）决定从苏拉威西海到马鲁古海的中心线。

印度尼西亚共和国总统

MEGAWATI SOEKARNOPUTRI

此文本为内阁副秘书长法律和立法组签署的原件的真实副本。

Lambock V.Nahattands（签名）

附件Ⅳ、附件Ⅴ、附件Ⅵ和附件Ⅶ略。

伊 朗
Iran

（英文文本截止于2009年1月16日）

伊朗法令
（1973年7月21日）

第一部分

有关伊朗领水和毗连区界限的基线由修改了波斯历1313年4月24日（公元1934年7月15日——译者注）法令的波斯历1338年1月22日（公元1958年4月12日——译者注）法令确定，现修改如下：

1. 连接以下各点的直线：

（1）点1，位于Shatt El-Arab最深谷底线与连接Shatt/El-Arab两岸低潮线的封口线的交叉点。

（2）点2，位于Behregan海口，其地理坐标为：北纬29°59′50″和东经49°33′55″。

（3）点3，位于Kharg岛南岸，其地理坐标为：北纬29°12′29″和东经50°18′40″。

（4）点4，位于Nakhilu岛南岸，其地理坐标为：北纬27°50′40″和东经51°27′15″。

（5）点 5，位于 Lavan 岛，其地理坐标为：北纬 26°47′25″和东经 53°13′00″。

（6）点 6，位于 Kish 岛西南岸，其地理坐标为：北纬 26°30′55″和东经 53°55′10″。

（7）点 7，位于 Kish 岛东南岸，其地理坐标为：北纬 26°30′10″和东经 53°59′20″。

（8）点 8，位于 Ras-o-Shenas，其地理坐标为：北纬 26°29′35″和东经 54°47′20″。

（9）点 9，位于 Qeshm 岛西南岸，其地理坐标为：北纬 26°32′25″和东经 55°60′55″。

（10）点 10，位于 Hengam 岛南岸，其地理坐标为：北纬 26°36′40″和东经 55°51′50″。

（11）点 11，位于 Larak 岛南岸，其地理坐标为：北纬 26°49′30″和东经 56°21′50″。

（12）点 12，位于 Larak 岛东岸，其地理坐标为：北纬 26°51′15″和东经 56°24′05″。

（13）点 13，位于 Hormoz 岛东岸，其地理坐标为：北纬 27°02′30″和东经 56°29′40″。

（14）点 14，其地理坐标为：北纬 27°08′30″和东经 56°35′40″。

（15）点 15，其地理坐标为：北纬 25°47′10″和东经 57°19′55″。

（16）点 16，其地理坐标为：北纬 25°38′10″和东经 57°45′30″。

（17）点 17，其地理坐标为：北纬 25°33′20″和东经 58°05′20″。

（18）点 18，其地理坐标为：北纬 25°24′05″和东经 59°05′40″。

（19）点 19，其地理坐标为：北纬 25°23′45″和东经 59°35′00″。

（20）点 20，其地理坐标为：北纬 25°19′20″和东经 60°12′10″。

（21）点 21，其地理坐标为：北纬 25°17′25″和东经 60°24′50″。

（22）点 22，其地理坐标为：北纬 25°16′36″和东经 60°27′30″。

（23）点 23，其地理坐标为：北纬 25°16′20″和东经 60°36′40″。

（24）点 24，其地理坐标为：北纬 25°03′30″和东经 61°25′00″。

（25）点 25，位于东经为 61°37′03″的子午线与连接 Gwadar 海湾入口的海岸低潮线的直线的交叉点。

2. 在位于 Kish 岛的点 6 和点 7 之间,位于 Larak 岛的点 11 和点 12 之间,位于 Hormuz 海峡的点 14 和点 15 之间,基线为低潮线。

第 二 部 分

用于测算伊朗领海宽度的基线在波斯湾地图上标示,其第一版于波斯历 1349 年 6 月(公元 1970 年 9 月 —— 译者注)由伊朗国家地理机构公布,比例尺为 1:1 500 000,并附于现行法令内。法令的原始版本存放于内阁首相的办公室内。

伊朗伊斯兰共和国关于波斯湾和阿曼海的海洋区域法
(1993 年)

第一部分 领 海

第一条 主权

伊朗伊斯兰共和国的主权及于其陆地领土、内水、波斯湾中的岛屿、霍尔木兹海峡和阿曼海之外,邻接基线的一带海洋区域,该海域称为领海。

主权及于领海的上空及其海床和底土。

第二条 外部界限

领海的宽度为 12 海里,从基线起算。1 海里等于 1852 米。

属于伊朗的岛屿,不论位于领海之内或之外,依据本法均拥有各自的领海。

第三条 基线

在波斯湾和阿曼海,测算领海宽度的基线由波斯历 1352 年 4 月 31 日(即公元 1973 年 7 月 22 日)的第 2/250—67 号内阁法令确定;对于其他岛屿和区域,沿岸的低潮线为基线。

领海基线向陆一侧的水域,以及当属于伊朗的岛屿之间的水域距离不超过 24 海里时,该水域构成内水并在伊朗伊斯兰共和国的主权之下。

第四条 划界

当伊朗领海与海岸相邻和相向国家的领海重叠时,除非双方另有约定,伊朗和该国的领海界限为,一条其每一点到两国基线上最近一点的距离相等的中间线。

第五条 无害通过

外国船舶的通过,除本法第九条另有规定外,在不损害伊朗伊斯兰共和国的良好秩序、和平和安全的情况下受无害通过原则的限制。

除不可抗力外,通过应继续不停和迅速进行。

第六条 无害通过的要求

当从事以下活动时,外国船只的通过不应视为是无害的,并且受相关民事和刑事法律和规章的限制:

(1)对伊朗伊斯兰共和国的主权、领土完整或政治独立进行任何武力威胁或使用武力,或以任何其他违反国际法原则的方式进行武力威胁或使用武力;

(2)以任何种类的武器进行任何操练或演习;

(3)任何目的在于搜集情报使沿海国的防务或安全受损害的行为;

(4)任何目的在于影响沿海国防务或安全的宣传行为;

(5)在船上起落或向其他船只或海岸转运飞机、直升机、军事装置或人员;

(6)违反伊朗伊斯兰共和国法律和规章,上下任何商品、货币或人员;

(7)违反伊朗伊斯兰共和国规则和规章,污染海洋环境;

(8)任何捕鱼或勘探海洋资源的行为;

(9)进行科学研究或地图和地质测量或取样活动;

(10)干扰伊朗伊斯兰共和国任何通信系统或任何其他设施或设备的行为;

(11)与通过没有直接关系的任何其他活动。

第七条 补充法律和规章

伊朗伊斯兰共和国政府应通过其他必要的规章保护本国利益和无害通

过的正当进行。

第八条 无害通过的暂停

伊朗伊斯兰共和国为了国家的重大利益和保护其安全,可以在其部分领海暂停无害通过。

第九条 无害通过的例外

军舰、潜水艇、核动力船舶和船只,或运载核物质或其他对环境有害的危险或有毒物质的浮动物体或船只通过领海,由伊朗伊斯兰共和国有关当局事先批准。潜水艇须在海面航行并展示其旗帜。

第十条 刑事管辖权

在以下情况,伊朗伊斯兰共和国司法当局对通过领海的船舶上发生的犯罪有包括调查、指控和惩罚在内的管辖权:

(1)如果犯罪后果及于伊朗伊斯兰共和国;

(2)如果犯罪会扰乱国家的和平与安宁或领海的公共秩序;

(3)如果船长或船旗国的外交代表或领事官员请求协助和调查;

(4)如果上述调查和指控是取缔违法贩运麻醉药品或精神调理物质所必要的。

第十一条 民事管辖权

伊朗伊斯兰共和国的主管当局可以为执行查封命令或法院判决而停止船舶的航行、改变航向或扣留船舶及其船员,如果该船:

(1)在驶离伊朗内水后通过领海;

(2)在伊朗领海内停泊;

(3)通过领海,而查封命令或法院判决由船舶自身民事责任产生的义务或要求引起。

第二部分 毗连区

第十二条 定义

毗连区是与领海相邻的一带区域,其外部界限为从基线起算24海里。

第十三条 民事和刑事管辖权

伊朗伊斯兰共和国政府可以采取必要措施,防止在毗连区内违反法律和规章，包括安全、海关、海事、财政、移民、卫生和环境法律和规章并调查和惩罚违法者。

第三部分　专属经济区和大陆架

第十四条　专属经济区内的主权权利和管辖权

伊朗伊斯兰共和国在其领海以外、专属经济区内，对如下事项行使主权权利和管辖权：

（1）勘探、开发、养护和管理海床和底土及其上覆水域的一切自然资源（不论为生物或非生物资源），以及利用海水、海流和风力生产能的其他经济活动。这些权利是专属的。

（2）通过和实施适当的法律和规章，特别是对于如下活动：

（a）人工岛屿、其他设施和结构的建造和使用，铺设海底电缆和管道以及相关安全和安全地带的建造；

（b）任何类型的研究；

（c）海洋环境的保护和保全。

（3）上述主权权利由区域或国际条约授予。

第十五条　大陆架内的主权权利和管辖权

本法第十四条的规定应比照适用于伊朗伊斯兰共和国在大陆架的主权权利和管辖权，大陆架包括领海以外依其陆地领土的全部自然延伸的海底区域的海床和底土。

第十六条　禁止的活动

禁止外国军事活动或演习、搜集信息，或其他不符合伊朗伊斯兰共和国在专属经济区和大陆架内权利和利益的活动。

第十七条　科学活动、勘探和研究

在专属经济区和大陆架内的任何水下物品的回收和科学研究及勘探，均应得到伊朗伊斯兰共和国有关当局的许可。

第十八条　环境和自然资源的保全

伊朗伊斯兰共和国政府应采取适当措施以保护和保全海洋环境，以及专属经济区和大陆架生物和其他资源的合理开发。

第十九条　界限

伊朗伊斯兰共和国专属经济区和大陆架的界限应为一条其上每一点到两国基线上最近点的距离都相等的线，除非双边协议另有规定。

第二十条　民事与刑事管辖权

伊朗伊斯兰共和国应对在专属经济区和大陆架内违反法律和规章的各人行使刑事和民事管辖权，并在合适时调查或扣留。

第二十一条　紧追权

伊朗伊斯兰共和国政府对违反其内水、领海、毗连区、专属经济区、大陆架法律和规章的人，在以上区域以及公海保留紧追权。

第四部分　最 后 条 款

第二十二条　执行法规

部长理事会应向负责本法实施的不同部门和机构指定任务和责任（权力和义务）。

上述部门和机构应在本法通过的 1 年内制定必要的规章并由部长理事会通过。

在采用新执行法规前，现行规则和规章应仍然有效。

第二十三条

所有违反本法的法律和规章，在本法签署时予以废除。

上述法律，包含第二十三条规定，于波斯历 1372 年 1 月 31 日（公元 1993 年 4 月 20 日 —— 译者注），周二的伊斯兰协商大会全体会议上签署，并于波斯历 1372 年 2 月 12 日（公元 1993 年 5 月 2 日 —— 译者注）由保卫委员会通过。

伊 拉 克
Iraq

（英文文本截止于 2009 年 1 月 16 日）

伊拉克官方公告
（1957 年 11 月 23 日）

伊拉克政府渴望最大限度地开发伊拉克的自然资源，并确信大量的上述资源位于伊拉克领海之外且与之毗连的海底，并且更加相信由于现代科学进步，开发上述资源以造福伊拉克人民已成为可能。

伊拉克政府据此宣布，蕴藏于海床及其底土的自然资源为伊拉克财产，伊拉克对上述资源的保全和开发具有专属的一般管辖权。伊拉克政府同时具有为勘探上述资源的专属权利，可以其认为适当的方式进行开发并采取一切必要措施。伊拉克政府还有权为保护勘探和开发过程所需要的建筑而采取必要的行政和立法措施。

伊拉克政府希望指出，发布本公告的唯一目的是行使国际实践所确定的权利。伊拉克政府同时希望指出：本公告不得违反已确立的有关航行自由的规则。

确定伊拉克领海的法律
（1958 年第 71 号）

第一条

伊拉克领海、其海床和底土以及其上空处于伊拉克共和国主权之下，受国际法承认的关于他国船舶无害通过伊拉克领海的规则的限制。

第二条

伊拉克领海向公海一侧延伸至 12 海里（1 海里等于 1852 米），从沿着伊拉克海岸曲折的低潮标起算。

第三条

如果他国领海与伊拉克领海相重叠，应通过与相关国家按照已承认的国际法规则签署的协议，或两国可能达成的共识确定两国领海之间的界限。

第四条

本法的规定不得侵犯伊拉克在其领海向公海一侧延伸的毗连区和大陆架两个海域中被国际承认的其他权利。本法的规定也不得侵犯伊拉克政府发布的关于这方面的官方公告。

以色列
Israel

（英文文本截止于 2010 年 9 月 9 日）

海底区域法
（1953 年 2 月 10 日）

第一条

1. 以色列国家领土包括与以色列海岸相邻但在以色列领水之外的海床和海底区域的地下部分，其范围及于该区域上覆水域的深度允许对该区域的自然资源进行开发的地方。

2. 本条第 1 款不影响上述海底区域的上覆水域以及以色列领水之外的水域作为公海的性质。

领水法（修正案）
（1990 年 2 月 5 日第 1990—5750 号）

第一条 对第一条的替换

第 1956-5717 号法律《领水法》（以下称《基本法》）第一条应由如下条款

代替：

“第一条 ‘领水’的定义

1. 第 1981-5741 号法律《解释法》的第三条中，‘领水’的定义里‘6 英里’应替换为‘12 海里’。

2. 不论第 1981-5741 号法律《解释法》的第一条的规定如何，依据第 1 款制定的‘领海’的定义同样适用于上述法律生效前颁布的法律和行政指令。”

第二条 对第二条的修正

在《基本法》的第二条中，“超过 6 英里”应替换成“超过 12 海里”，并且“6 英里”应替换为“12 海里”。

经 1990 年 2 月 5 日第 1981–5741 号法修正的领水法（修正案）

（第 1956–5717 号法案）

第一条 “领水”的定义（之一）

1. 在第 1981-5741 号法律《解释法》的第三条中，“领水”的定义“6 英里”应改为“12 海里”。

2. 不论第 1981-5741 号法律《解释法》第一条的规定如何，依据第 1 款制定的“领海”的定义同样适用于上述法律生效前颁布的法律和行政指令。

第二条 “领水”的定义（之二）

若任何法律中提到与以色列海岸相邻的部分公海是本国领土的一部分，或者任何法律或依据任何法律的权力适用于该部分区域，并且该区域的界限未确定或被定为从低潮标或海岸的其他点算起不足 12 海里，则该界限应如前述延伸至 12 海里。

解释法

（第 1981- 5741 号）

……（原文如此，下同——译者注）

第三条 用语和语句的意思

…………

“领水”是指沿本国海岸向公海的延伸，宽度为从低潮线起算 12 海里；

…………

日 本
Japan

（英文文本截止于2010年9月15日）

领海法
（1977年5月2日第30号法案）

第一条 领海的范围

1. 日本的领海为自基线向海一侧延伸至12海里的海域。该界线的任何部分自基线量起超过中间线时，其超过部分应为中间线（或日本与外国之间达成协议代替中间线时，即为该协议线）以内的海域。

2. 前款所述中间线系指一条其每一点都与测算日本及与日本海岸相向国家领海宽度的基线上的最近点距离相等的线。

第二条 基线

1. 基线为低潮线或湾口、湾内及河口的封口直线。但在属于内水的濑户海，其与邻近海域的界线应以内阁命令规定的界线为基线。

2. 将前款规定的线作为基线使用时的标准和规定其他基线时，必要的事项由内阁命令规定。

……（原文如此，下同——译者注）

附　则

…………

有关特定海域的领海的范围

2. 关于宗谷海峡(Soya Strait)、津轻海峡(Tsugaru Strait)、对马海峡(Tsushima Strait)东水道、对马海峡西水道及大隅海峡(Osumi Strait)(包括与这些海域分别邻接的海域,从船舶通常航行的航线来看,它们被认为分别与上述海域连成一体。以下简称“特定海域”),暂不适用第一条的规定。特定海域的领海为各自从基线向外侧延伸至3海里及与此连接的线以内的海域。

3. 特定海域的范围及前款规定的线,由内阁命令规定。

领海与毗连区法

(1977年第30号法案,经1996年第73号法案修正)

第一条　领海的范围

1. 日本的领海为自基线向海一侧延伸至12海里的海域。该界线的任何部分自基线量起超过中间线时,则中间线(或日本与外国之间达成协议代替中间线时,即以该协议线)应代替该部分12海里线。

2. 前款所指的“中间线”应为一条其每一点到基线最近点和测算与日本海岸相向国家领海宽度的基线上最近点的距离相等的线。

第二条　基线

1. 基线应为低潮线、直线基线和横跨海湾口或海湾内的口,或横越河口所划的直线。对于属于内水的濑户内海(Seto Naikai),基线应为内阁命令规定的线,作为其他与其相邻的海洋区域的边界。

2. 前款所指的直线基线应由内阁命令规定,并遵守《联合国海洋法公约》

第七条。

3. 除前款的规定外，基线、第 1 款所规定的线以及任何其他划基线所必要事项的采用标准应由内阁命令规定。

第三条 关于从内水或领海进行紧追的日本法律和规章的适用

日本法律和规章（包括刑罚的规定，在第五条同样适用）应适用于日本公务员按照《联合国海洋法公约》第一百一十一条对从日本内水或领海实行紧追的公务执行和妨碍该执行的行为。

第四条 毗连区

1. 据此设立毗连区，在该区内日本按照《联合国海洋法公约》第三十三条第 1 款采取必要措施防止或惩罚在其领土内违反其海关、财政、移民或卫生法律和规章的行为。

2. 前款所指的毗连区从基线向海一侧延伸至 24 海里线的海洋区域。如果该 24 海里线的任何部分超过了从基线起算的中间线（这里的“中间线”如第一条第 2 款的定义所述，同样适用于下文），则中间线（或日本与一外国同意用以代替中间线的线）应代替 24 海里线的该部分。

3. 在部分海域，与一外国的相互适用超过《联合国海洋法公约》第三十三条第 1 款规定测算的中间线，如果这被认为是合适的，则不管前款规定如何，可通过内阁命令，将毗连区从基线量起向海一侧延伸至 24 海里（外国领海除外）。

第五条 毗连区内日本法律和规章的适用

日本法律和规章应适用于毗连区内日本公务员按照对第四条第 1 款规定的措施（包括按照《联合国海洋法公约》第一百一十一条对从毗连区进行紧追的公务执行）的公务执行和妨碍该执行的行为。

补 充 规 定

生效日期

本法应于内阁命令规定的日期生效，该日期应在其公布之日的两个月之内。

特定区域的领海范围

1. 目前，第一条的规定不应适用于 Sya Kaikyo，Tugaru Kaiky，Tusima Kaiky Higasi Suid，Tusima Kaiky Nisi Suid 以及 Osumi Kaiky（包括与这些水

域相邻并从用于船只正常航行的角度看,被认为组成了各自完整的部分的海域,以下称为“特定区域”)。附属于特定区域的领海应分别为从基线量起向海一侧延伸3海里,直到连接上述线所划的线。

2.特定区域的界限和前款所指的线应由内阁命令规定。

补充规定(1996年第73号)

本法于《联合国海洋法公约》在日本生效之日起生效。

专属经济区和大陆架法

(1996年第74号)

第一条 专属经济区

1.据此设立专属经济区,在该区域内日本按照《联合国海洋法公约》行使《联合国海洋法公约》第五部分规定的作为沿海国的主权权利和其他权利。

2.前款所指的专属经济区包括从日本的基线[这里的“基线”为《领海与毗连区法》(1977年第30号法律)第二条第1款的定义,下同]到其每一点距离日本基线最近点200海里的线(领海除外)之间的海洋区域及其海床和底土。如果该200海里线的任何部分超过了从日本基线起算的中间线(这里“中间线”为每一点到日本基线的最近点和测算与日本海岸相向国家领海宽度的基线的最近点距离相等的线,下同),则中间线(或日本与一外国同意代替中间线的线)应取代200海里线的该部分。

第二条 大陆架

日本按照《联合国海洋法公约》行使沿海国对其大陆架的主权权利和其他权利,大陆架包括如下海洋区域的海床及其底土:

(1)日本基线和每一点到日本基线最近点200海里线之间的海洋区域(领海除外)。如果该200海里线的任何部分超过了从日本基线起算的中间线,则中间线(或日本与一外国同意代替中间线的线和应由内阁命令规定的连接这些线所划的线)应取代200海里线的该部分。

(2)与前款所指海洋区域相邻的向海一侧的海洋区域(限于每一点从日

本基线最近点到200海里线的海洋部分),由内阁按照《联合国海洋法公约》第七十六条发布命令规定。

第三条 日本法律和规章的适用

1. 日本法律和规章(包括刑罚规定,下同)应适用于如下事项:

(1)自然资源的勘探和开发、养护和管理,人工岛屿、设施和结构的设立、建造、操作和使用,海洋环境的保护和保全以及在专属经济区内或大陆架上的海洋科学研究;

(2)专属经济区的经济勘探和开发活动(前项规定的事项除外);

(3)大陆架上的钻探[第(1)项规定的事项除外];

(4)日本公务员在有关专属经济区或大陆架的海洋区域内对前3项规定事项(包括按照《联合国海洋法公约》第一百一十一条从执行上述公务的海洋区域实行紧追的公务执行)的公务执行以及妨碍这些执行的行为。

2. 前款第(1)项所指的人工岛屿、设施和结构应被认为位于日本领土内,除前款规定外还应适用日本法律和规章。

3. 有关按照前两款的法律和规章的适用,可以在合理必要的范围内,并考虑到这些法律和规章适用的海洋区域在日本领土之外以及这些海洋区域内的其他特殊情况,通过内阁命令对调整和协调这些法律和规章的适用所必要的事项作出规定。

第四条 条约的效力

当条约与本法规定的事项不同时,应适用条约的规定。

补 充 规 定

第一条 生效日期

本法于《联合国海洋法公约》在日本生效之日起生效。

《领海和毗连区法》的执行令

（1977 年第 210 号内阁令，为 1993 年第 383 号内阁令、1996 年第 206 号内阁令和 2001 年第 434 号内阁令修正）

第一条 濑户海及其他海洋区域界限

内阁令中规定的，在《领海和毗连区法》第二条第 1 款的附文提及的各条线如下：

（1）从纪伊日之御崎灯塔（Kii Hi-no-Misaki）（北纬 33°52′55″，东经 135°3′40″）到蒲生田岬灯塔 (Kamoda Misaki)（北纬 33°50′3″，东经 134°44′58″）划定的线；

（2）从佐田岬灯塔（Sada Misaki）（北纬 33°20′35″，东经 132°54″）到关崎灯塔（Seki Saki）（北纬 33°16′，东经 131°54′8″）划定的线；

（3）从位于竹之子岛台场鼻（Takenoko Sima 的 Daiba Hana）（北纬 33°57′2″，东经 130°52′18″）到若松洞海湾（Wakamatu Dokai）入口、防波堤、灯塔（北纬 33°56′28″，东经 130°51′2″）划定的线。

第二条 基线

1.《领海和毗连区法》第二条第 1 款规定的直线基线应是该法附录 1 中规定的线。

2. 除了作为内水的濑户海之外，基线（除前一款提及的直线基线外）应是沿岸低潮线（或者，如果有河流直接入海，为横越河流入口两岸低潮标之间的直线。本款下文同样适用）。但是，对于在以下每项提及的海湾而言，相关各项中规定的直线（或线）以内的沿岸低潮线不应作为基线，但相关其他各项中规定的直线（或线）应作为基线。

（1）如果海湾天然入口两端的低潮标之间的距离（若因有岛屿使海湾有一个以上的入口，则是各入口两端低潮标之间距离的总和。以下各项同样适用）不超过 24 海里，则为连接天然入口两端的低潮标的直线。

（2）如果海湾天然入口两端的低潮标之间的距离超过 24 海里，24 海里的直线基线应划在海湾内，以划入该长度的线所可能划入的最大水域。

3. 当前一条各款和前一款规定的线被用作基线时，全部或部分位于领海水域内的低潮高地的低潮线应为基线。

4. 若在依据前一条和前三款规定的基线之外划定了另一条基线，最外部的线应为基线。

5. 第 2 款提及的海湾和岛屿以及第 3 款提及的低潮高地是《联合国海洋法公约》第十条第 2 款、第一百二十一条第 1 款和第十三条第 1 款定义意义上的海湾、岛屿和低潮高地。

6. 第 2 款提及的沿岸低潮线和第 3 款提及的低潮高地的低潮线应标示在海洋安全局公布的大比例尺海图上。

第三条　指定区域的界限

《领海和毗连区法》补充规定第 2 款规定的指定区域的界限应是附录 2 的 B 节规定的海域（外国领海除外）的界限。

第四条　属于指定区域的领海的外部界限

《领海和毗连区法》补充规定第 2 款提及的线应是附录 2 的 C 节规定的线。

补 充 规 定

本内阁令应于《领海和毗连区法》执行之日（1977 年 7 月 1 日）生效。

补充规定（1993 年第 383 号内阁令）

本内阁令应于 1993 年 12 月 24 日生效。

补充规定（1996 年第 206 号内阁令）

生效日期

1. 本内阁令应自《领海法》的《部分修正案》执行之日起（1996 年 7 月 20 日）生效。但是，《修正案》第二条（除该条第 3 款所做的修正，即“《领海和毗连区法》第七条第 2 款、第十条第 1 款和第十一条第 1 款修正为《联合国海洋法公约》第十条第 2 款、第一百二十一条第 1 款和第十三条第 1 款”）、第三条、第四条、附录及在附录 1 之后增加的附录应于 1997 年 1 月 1 日生效。

（英文翻译省去了第 1 款之后的规定 —— 译者注。）

补充规定（2001 年第 434 号内阁令）

生效日期

本内阁令应于《测量法和水文活动法》的《部分修正案》执行之日（2002 年 4 月 1 日）生效。

附　录 1

（参照第二条）

1. 连接以下从（a）到（l）顺序规定的各点的线：

（a）位于北纬 43°23′10″ 和东经 145°49′6″ 的点（Nosappu-Misaki 的最东端的点）；

（b）位于北纬 43°22′8″ 和东经 145°48′44″ 的点（Goyomai Saki 的最东南端的点）；

（c）位于北纬 43°21′42″ 和东经 145°48′29″ 的点（Kabu Sima 的最东南端的点）；

（d）位于北纬 43°20′9″ 和东经 145°46′45″ 的点（Iso Mosiri Sima 的最东南端的点）；

（e）位于北纬 43°19′57″ 和东经 145°46′26″ 的点（Habomai-Mosiri Sima 的最南端的点）；

（f）位于北纬 43°12′9″ 和东经 145°36′的点；

（g）位于北纬 43°9′54″ 和东经 145°31′16″ 的点；

（h）位于北纬 43°9′40″ 和东经 145°30′37″ 的点；

（i）位于北纬 42°59′48″ 和东经 145°1′16″ 的点（Tate Iwa，Tirippu Saki 的最东南端的点）；

（j）位于北纬 42°59′25″ 和东经 145°11″ 的点；

（k）位于北纬 42°56′48″ 和东经 144°52′4″ 的点（Daikoku Sima 的最东南端的点）；

（l）位于北纬 42°56′和东经 144°46′53″ 的点（Hokake Iwa Siriha Misaki 的最南端的点）。

2. 连接以下从（a）到（l）顺序规定的各点的线：

（a）位于北纬 40°13′1″ 和东经 141°50′5″ 的点（Usi Sima，Benten Hana 的最南端的点）；

（b）位于北纬 40°8′47″ 和东经 141°53′14″ 的点（Todo Iwa，Mi Saki 的最北端）；

（c）位于北纬 39°58′46″ 和东经 141°57′35″ 的点；

（d）位于北纬 39°33′33″ 和东经 142°4′11″ 的点；

（e）位于北纬 39°33′18″ 和东经 142°4′15″ 的点；

（f）位于北纬 39°32′51″ 和东经 142°4′20″ 的点（Todoga-Saki 的最东端的点）；

（g）位于北纬 39°32′47″ 和东经 142°4′21″ 的点（Todoga-Saki 的最东南端的点）；

（h）位于北纬 39°27′53″ 和东经 142°3′39″ 的点（Aka Sima 的最东端的点）；

（i）位于北纬 39°6′15″ 和东经 141°55′22″ 的点；

（j）位于北纬 38°16′39″ 和东经 141°35′12″ 的点（Awabiara Saki，Kinkasan 的最东端的点）；

（k）位于北纬 38°16′8″ 和东经 141°34′47″ 的点；

（l）位于北纬 37°49′22″ 和东经 140°59′15″ 的点（Unoo Saki 的最东端的点）。

3. 连接以下从（a）到（d）顺序规定的各点的线：

（a）位于北纬 34°53′59″ 和东经 139°53′13″ 的点（Nozima Saki 的最南端的点）；

（b）位于北纬 34°40′43″ 和东经 139°26′20″ 的点（O Sima 的最东南端的点）；

（c）位于北纬 34°34′21″ 和东经 138°56′37″ 的点；

（d）位于北纬 34°35′29″ 和东经 138°13′39″ 的点（Omae Saki 的最南端的点）。

4. 连接以下从（a）到（d）顺序规定的各点的线：

（a）位于北纬 34°40′22″ 和东经 137°35′51″ 的点（Kokorigan Doryutei 的最南端的点，Hamana Ko）；

（b）位于北纬 34°16′50″ 和东经 136°54′32″ 的点（Daio Sima 的最东端的点）；

（c）位于北纬 34°12′58″ 和东经 136°49′1″ 的点（Hekono-Sima 的最东南端的点）；

（d）位于北纬 33°38′10″ 和东经 135°58′56″ 的点（Koma-ga-Saki 南部，Oberasi 的最东南端的点）；

（e）位于北纬 33°34′53″ 和东经 135°57′40″ 的点（Kantori Saki 东部，Oberasi 的最东南端的点）；

（f）位于北纬 33°34′46″ 和东经 135°57′36″ 的点（Kantori Saki 的最东南端的点）。

5. 连接以下从（a）到（k）顺序规定的各点的线，以及连接以下（l）和（m）点的线：

（a）位于北纬 33°40′14″ 和东经 135°19′46″ 的点（Seto Saki 的最西端的点）；

（b）位于北纬 33°37′46″ 和东经 134°29′53″ 的点；

（c）位于北纬 33°14′47″ 和东经 134°11′1″ 的点；

（d）位于北纬 33°14′39″ 和东经 134°10′59″ 的点；

（e）位于北纬 33°14′26″ 和东经 134°10′37″ 的点（Muroto Misaki 南部，No-nasi 的最南端的点）；

（f）位于北纬 33°1′28″ 和东经 133°5′59″ 的点；

（g）位于北纬 32°43′50″ 和东经 133°1′35″ 的点；

（h）位于北纬 32°43′20″ 和东经 133°1′15″ 的点；

（i）位于北纬 32°43′14″ 和东经 133°37″ 的点；

（j）位于北纬 32°42′9″ 和东经 132°32′38″ 的点（Kusi-ga-Hana 的最南端的点，Oki-no-Sima）；

（k）位于北纬 32°25′29″ 和东经 131°41′39″ 的点（Tobi Sima 的最东端的点）；

（l）位于北纬 32°25′26″ 和东经 131°41′34″ 的点（Tobi Sima 的最南端的点）；

（m）位于北纬 32°25′23″ 和东经 131°41′24″ 的点。

6. 连接以下从（a）到（e）顺序规定的各点的线，连接以下（f）和（g）点的线，以及连接以下（h）和（l）点的线：

（a）位于北纬 28°24′24″ 和东经 129°41′39″ 的点；

（b）位于北纬 28°19′19″ 和东经 129°35′32″ 的点（Ho se, Nakahise Saki 东部）；

（c）位于北纬 28°12′19″ 和东经 129°29′27″ 的点（Mi se, Iti Saki 东部）；

（d）位于北纬 28°6′24″ 和东经 129°22′42″ 的点（Omizu Sima 的最东南端的点）；

（e）位于北纬 28°1′4″ 和东经 129°16′44″ 的点（Kiyama Sima 的最东南端的点）；

（f）位于北纬 27°59′58″ 和东经 129°15′18″ 的点（Zyanare Sima 的最东南端的点）；

（g）位于北纬 28°1′18″ 和东经 129°9′54″ 的点（Yoro Sima 的最东南端的点）；

（h）位于北纬 28°1′27″ 和东经 129°8′34″ 的点（Yoro Sima 的最西端的点）；

（i）位于北纬 28°15′15″ 和东经 129°8′的点（Sotuko Saki 的最西端的点）；

（j）位于北纬 28°18′12″ 和东经 129°10′36″ 的点；

（k）位于北纬 28°18′27″ 和东经 129°11′2″ 的点（Togura Saki 的最北端的点，Edateku Sima）；

（l）位于北纬 28°31′38″ 和东经 129°40′23″ 的点（Saki Saki 的最西北端的点）。

7. 连接以下点（a）和点（b）的线，连接以下点（c）和点（d）的线，以及连接以下点（e）和点（f）的线：

（a）位于北纬 26°37′49″ 和东经 128°14′14″ 的点（Ginan Saki 的最东南端的点）；

（b）位于北纬 26°11′37″ 和东经 127°57′1″ 的点（Uhubisi 的东至最东南端的点，Tinen Misaki 的东至最北端的点）；

（c）位于北纬 26°10′36″ 和东经 127°56′8″ 的点（Uhubisi 南至最东南端的点，Tinen Misaki 的东至最北端的点）；

（d）位于北纬 26°9′13″ 和东经 127°53′33″ 的点（Kudaka Sima 的最东南端的点）；

(e)位于北纬 26°9′4″ 和东经 127°53′15″ 的点(Kudaka Sima 的最南端的点);

(f)位于北纬 26°5′21″ 和东经 127°43′22″ 的点。

8. 连接以下点(a)和点(b)的线,连接以下点(c)和点(d)的线,连接以下点(e)和点(f)的线,连接以下点(g)和点(h)的线,以及连接以下从(i)到(k)顺序规定的各点的线:

(a)位于北纬 26°4′44″ 和东经 127°39′18″ 的点(Kiyan Saki 的最西南端的点);

(b)位于北纬 26°5′51″ 和东经 127°32′11″ 的点(Rukan Syo 的最南端的点);

(c)位于北纬 26°6′44″ 和东经 127°31′50″ 的点(Rukan Syo 的最北端的点);

(d)位于北纬 26°15′54″ 和东经 127°31′34″ 的点(Nagannu Sima 的最西端的点);

(e)位于北纬 26°16′30″ 和东经 127°31′35″ 的点(Nagannu Sima 的最西北端的点);

(f)位于北纬 26°43′20″ 和东经 127°44′36″ 的点(Ie Sima 的最西端的点);

(g)位于北纬 26°44′14″ 和东经 127°45′19″ 的点(Ie Sima 的最西北端的点);

(h)位于北纬 26°59′33″ 和东经 127°54′27″ 的点(Noho Sima 的最西端的点);

(i)位于北纬 27°5′29″ 和东经 127°59′45″ 的点(Yahyoe Iwa, Dana Misaki 西部, Iheya Sima);

(j)位于北纬 27°6′6″ 和东经 128°1′50″ 的点(Kita-Siokaburi Iwa, Dana Misaki 的最北端, Iheya Sima);

(k)位于北纬 26°52′33″ 和东经 128°15′41″ 的点(Hedo Misaki 的最北端的点)。

9. 连接以下从(a)到(i)和从(j)到(l)顺序规定的各点的线,连接以下点(m)和点(n)的线,连接以下点(o)和点(p)的线,以及连接以下从(q)到(v)顺序规定的各点的线:

（a）位于北纬 31°21′51″ 和东经 131°20′52″ 的点（Toi Misaki 的最东南端的点）；

（b）位于北纬 31°21′41″ 和东经 131°20′43″ 的点；

（c）位于北纬 30°48′6″ 和东经 130°26′44″ 的点（Take Sima 的最东南端的点）；

（d）位于北纬 30°43′30″ 和东经 130°19′5″ 的点（Yakuro Se 的最南端的点）；

（e）位于北纬 30°44′55″ 和东经 130°6′11″ 的点（Yu Se 的最南端的点）；

（f）位于北纬 30°49′43″ 和东经 129°25′27″ 的点（Kusagaki Gunto 的最南端岛屿的最南端的点）；

（g）位于北纬 30°49′47″ 和东经 129°25′22″ 的点（Kusagaki Gunto 的最南端岛屿的最西端的点）；

（h）位于北纬 31°10′18″ 和东经 129°24′56″ 的点（Suzume Sima 的最西端的点）；

（i）位于北纬 31°39′33″ 和东经 129°39′28″ 的点（Haya Saki 的最西端的点，Simo-Kosiki Sima）；

（j）位于北纬 31°43′3″ 和东经 129°41′53″ 的点（Kabetate Hana 的最西北端的点，Simo-Kosiki Sima）；

（k）位于北纬 31°53′和东经 129°49′58″ 的点（Sakuiba Se 的最西北端的点，Noze Hana 的西北部，Kami-Kosiki Sima）；

（l）位于北纬 32°33′41″ 和东经 128°54′19″ 的点（O Sima 的最东南端的点）；

（m）位于北纬 32°33′58″ 和东经 128°53′27″ 的点（O Sima 的最西端的点）；

（n）位于北纬 32°34′22″ 和东经 128°46′24″ 的点（Kasayama Hana 的最东南端的点，Hukue Sima）；

（o）位于北纬 32°36′45″ 和东经 128°35′54″ 的点（Ose Saki 的最西端的点，Hukue Sima）；

（p）位于北纬 32°43′4″ 和东经 128°35′20″ 的点（Saga-no-Sima 的最西端的点）；

（q）位于北纬 32°43′47″ 和东经 128°35′30″ 的点（Saga-no-Sima 的西至最西北端的点）；

（r）位于北纬 33°11′5″ 和东经 128°48′9″ 的点（Siro Se 的最北端的点）；

（s）位于北纬 33°52′15″ 和东经 129°40′32″ 的点（Hira Se 的最西端的点，Hanage Saki 的最北部，Tatu-no-Sima）；

（t）位于北纬 34°15′和东经 130°6′12″ 的点；

（u）位于北纬 34°47′57″ 和东经 131°7′50″ 的点；

（v）位于北纬 35°2′28″ 和东经 132°15′15″ 的点（Toriya Hana 的最北端的点）。

10. 连接以下从（a）到（cc）顺序规定的各点的线：

（a）位于北纬 34°40′11″ 和东经 129°29′53″ 的点（To-no-Saki 的最东北端的点）；

（b）位于北纬 34°40′1″ 和东经 129°29′53″ 的点（To-no-Saki 的最东北端的点）；

（c）位于北纬 34°37′56″ 和东经 129°29′32″ 的点（Sinagi Sima 的最东端的点）；

（d）位于北纬 34°33′19″ 和东经 129°28′24″ 的点（Kin Saki 的最东北端的点）；

（e）位于北纬 34°33′8″ 和东经 129°28′21″ 的点；

（f）位于北纬 34°19′4″ 和东经 129°24′52″ 的点（Kurosima Hana 的最东端的点，Kuro Sima）；

（g）位于北纬 34°7′51″ 和东经 129°16′58″ 的点（Tatuno-Saki 的最东南端的点）；

（h）位于北纬 34°7′48″ 和东经 129°16′56″ 的点；

（i）位于北纬 34°5′46″ 和东经 129°14′33″ 的点（Nain Sima 的最东南端的点）；

（j）位于北纬 34°5′12″ 和东经 129°13′18″ 的点；

（k）位于北纬 34°5′2″ 和东经 129°12′50″ 的点（Ko Saki 的最南端的点）；

（l）位于北纬 34°5′2″ 和东经 129°12′45″ 的点；

（m）位于北纬 34°5′34″ 和东经 129°9′48″ 的点（O Se 的最南端的点，Tutu Saki 的西南部）；

（n）位于北纬 34°5′36″ 和东经 129°9′48″ 的点（O Se 的最西端的点，

Tutu Saki 的西南部）；

（o）位于北纬 34°8′31″ 和东经 129°10′1″ 的点；

（p）位于北纬 34°13′10″ 和东经 129°10′46″ 的点；

（q）位于北纬 34°18′46″ 和东经 129°11′45″ 的点（Kottoi Saki 的最西端的点）；

（r）位于北纬 34°19′9″ 和东经 129°11′52″ 的点（Nagiri Saki 的最西端的点）；

（s）位于北纬 34°33′47″ 和东经 129°17′5″ 的点；

（t）位于北纬 34°34′12″ 和东经 129°17′13″ 的点；

（u）位于北纬 34°38′50″ 和东经 129°19′11″ 的点；

（v）位于北纬 34°38′51″ 和东经 129°19′12″ 的点；

（w）位于北纬 34°38′55″ 和东经 129°19′16″ 的点；

（x）位于北纬 34°38′56″ 和东经 129°19′18″ 的点；

（y）位于北纬 34°43′16″ 和东经 129°25′54″ 的点；

（z）位于北纬 34°43′49″ 和东经 129°26′53″ 的点（Kita Se 的最北端的点，Oni Saki 的最北部）；

（aa）位于北纬 34°43′44″ 和东经 129°27′32″ 的点（Karasaki 的最北端的点，Kunosita Saki 的北部）；

（bb）位于北纬 34°41′和东经 129°29′47″ 的点；

（cc）位于北纬 34°40′11″ 和东经 129°29′53″ 的点（To-no-Saki 的最东北端的点）。

11. 连接以下点（a）和点（b）的线：

（a）位于北纬 35°46′45″ 和东经 135°13′26″ 的点（Kyo-ga-Misaki 的最北端的点）；

（b）位于北纬 36°14′59″ 和东经 136°7′22″ 的点（Anto Misaki 的最西端的点）。

12. 连接以下点（a）和点（b）的线，连接以下从（c）到（e）和从（f）到（l）的顺序规定的各点的线，以及连接以下点（m）和点（n）的线：

（a）位于北纬 37°19′24″ 和东经 136°43′18″ 的点（Saruyama Misaki 的最西端的点）；

（b）位于北纬 37°50′52″ 和东经 136°54′39″ 的点（Hegura Sima 的最西端的点）；

（c）位于北纬 37°51′20″ 和东经 136°55′33″ 的点（Hegura Sima 的最东北端的点）；

（d）位于北纬 38°1′和东经 138°13′9″ 的点（Nei Sima 的最西端的点）；

（e）位于北纬 38°1′19″ 和东经 138°13′17″ 的点（Kasuga Misaki 的最西端的点，Sado Sima）；

（f）位于北纬 38°20′3″ 和东经 138°30′54″ 的点（Hiziki Saki 的最北端的点，Sado Sima）；

（g）位于北纬 38°29′45″ 和东经 139°15′的点（Engaiguri 的最北端的点，Tori Saki 的西北部，Awa Sima）；

（h）位于北纬 39°11′9″ 和东经 139°31′11″ 的点；

（i）位于北纬 40°53′和东经 139°41′44″ 的点（Mizu Sima 的最西端的点）；

（j）位于北纬 40°32′3″ 和东经 139°29′51″ 的点（Kami-no-Sima，Kyuroku Sima）；

（k）位于北纬 41°15′47″ 和东经 140°20′34″ 的点（Tappi Saki 的最北端的点）；

（l）位于北纬 41°33′21″ 和东经 140°54′33″ 的点（Benten Sima 的最北端的点，Oma Saki 的北部）；

（m）位于北纬 41°33′18″ 和东经 140°54′52″ 的点（Benten Sima 的最东端的点，Oma Saki 的北部）；

（n）位于北纬 41°26′14″ 和东经 141°27′54″ 的点（Siriya Saki 的最北端的点）。

13. 连接以下从（a）到（o）和从（p）到（dd）顺序规定的各点的线：

（a）位于北纬 42°18′2″ 和东经 141°13″ 的点（Tikiu Misaki 的最南端的点）；

（b）位于北纬 41°48′32″ 和东经 141°11′18″ 的点；

（c）位于北纬 41°48′6″ 和东经 141°11′13″ 的点（Todo Iwa，Esan Misaki 南部）；

（d）位于北纬 41°46′57″ 和东经 141°9′23″ 的点（Nanatu Iwa 的最南端的点，Esan Misaki 的西南部）；

(e)位于北纬 41°43′33″ 和东经 141°3′10″ 的点(Hiura Misaki 的最东南端的点);

(f)位于北纬 41°42′55″ 和东经 141°1′46″ 的点(Mui-no-Sima 的最南端的点);

(g)位于北纬 41°42′45″ 和东经 140°59′57″ 的点;

(h)位于北纬 41°42′32″ 和东经 140°58′8″ 的点;

(i)位于北纬 41°42′34″ 和东经 140°57′44″ 的点;

(j)位于北纬 41°42′41″ 和东经 140°57′24″ 的点(South Bohatei ,防波堤的最南端的点, Siokubi Gyoko 渔港);

(k)位于北纬 41°42′51″ 和东经 140°57′3″ 的点(Siokubi Misaki 的最西南端的点);

(l)位于北纬 41°45′9″ 和东经 140°52′17″ 的点(South Bohatei,防波堤的最外端的点, Isizaki Gyoko 渔港);

(m)位于北纬 41°23′48″ 和东经 140°11′59″ 的点(Sirakami Misaki 的最东南端的点);

(n)位于北纬 41°21′6″ 和东经 139°47′58″ 的点;

(o)位于北纬 41°29′43″ 和东经 139°20′28″ 的点(Nanpa Misaki 的最南端的点, Matumae-O Sima);

(p)位于北纬 41°31′6″ 和东经 139°20′5″ 的点(Matumae-O Sima 的西至西北端的点);

(q)位于北纬 42°10′42″ 和东经 139°24′6″ 的点;

(r)位于北纬 42°13′17″ 和东经 139°25′52″ 的点;

(s)位于北纬 42°37′7″ 和东经 139°49′35″ 的点(Motta Misaki 的最西北端的点);

(t)位于北纬 43°20′17″ 和东经 140°20′25″ 的点(Menoko Iwa 的最西北端的点,Kamui Misaki 的西北部);

(u)位于北纬 43°43′30″ 和东经 141°19′43″ 的点(Ohuyu Misaki 的最西端的点);

(v)位于北纬 44°24′53″ 和东经 141°17′26″ 的点;

(w)位于北纬 45°16′49″ 和东经 141°54″ 的点;

（x）位于北纬 45°22′49″ 和东经 140°58′54″ 的点；

（y）位于北纬 45°26′21″ 和东经 140°57′46″ 的点（Gorota Misaki 的最西端的点，Rebun To）；

（z）位于北纬 45°28′32″ 和东经 140°57′38″ 的点；

（aa）位于北纬 45°30′16″ 和东经 140°57′40″ 的点（Tane Sima 的最西端的点）；

（bb）位于北纬 45°30′21″ 和东经 140°57′45″ 的点；

（cc）位于北纬 45°31′36″ 和东经 141°55′8″ 的点（Benten Sima 的最北端的点，Soya Misaki 的西部）；

（dd）位于北纬 45°31′25″ 和东经 141°56′26″ 的点（Soya Misaki 的最北端的点）。

14. 连接以下从（a）到（f）顺序规定的各点的线：

（a）位于北纬 44°37′56″ 和东经 146°56′54″ 的点（Kunneuensiri Hana 的最北端的点）；

（b）位于北纬 44°49′8″ 和东经 147°6′9″ 的点（Poronotu Hana 的最西北端的点）；

（c）位于北纬 45°6′33″ 和东经 147°29′46″ 的点（Notoro Sima 的最西端的点）；

（d）位于北纬 45°25′54″ 和东经 147°54′10″ 的点；

（e）位于北纬 45°26′20″ 和东经 147°55′34″ 的点（Ikabanotu Misaki 的最北端的点）；

（f）位于北纬 45°32′12″ 和东经 148°39′1″ 的点（Sibetoro Misaki 的最西北端的点）。

15. 连接以下从（a）到（o）顺序规定的各点的线：

（a）位于北纬 43°48′34″ 和东经 146°54′27″ 的点（Itakotan Saki 的最东南端的点）；

（b）位于北纬 43°44′47″ 和东经 146°48′4″ 的点（O Sima 的最东南端的点，Sikotan To）；

（c）位于北纬 43°42′21″ 和东经 146°40′36″ 的点；

（d）位于北纬 43°42′和东经 146°38′36″ 的点（Konbuusu Saki 最南端的点）；

（e）位于北纬 43°42′6″ 和东经 146°38′21″ 的点（Konbuusu Saki 的最西南端的点）；

（f）位于北纬 43°44′8″ 和东经 146°35′34″ 的点；

（g）位于北纬 43°44′34″ 和东经 146°35′9″ 的点（Notoro Saki 的最西南端的点）；

（h）位于北纬 43°44′46″ 和东经 146°35′3″ 的点（Notoro Saki 的最西端的点）；

（i）位于北纬 43°48′17″ 和东经 146°35′4″ 的点（O Saki 的最西端的点）；

（j）位于北纬 43°48′24″ 和东经 146°35′7″ 的点（O Saki 的最西北端的点）；

（k）位于北纬 43°48′29″ 和东经 146°35′14″ 的点（O Saki 的最北端的点）；

（l）位于北纬 43°49′4″ 和东经 146°36′22″ 的点；

（m）位于北纬 43°49′15″ 和东经 146°36′47″ 的点；

（n）位于北纬 43°52′34″ 和东经 146°46′30″ 的点（Gunkan Misaki 的最西北端的点）；

（o）位于北纬 43°53′25″ 和东经 146°49′25″ 的点（Hiserohu Saki 的最北端的点）。

附　录　2

（参照第三条和第四条）

1. 关于 Soya Kaikyo 的指定区域，为以下各条线围绕的海域：

（1）连接附录 1 中提及的点 13（cc）和点 13（dd）的线。

（2）从附录 1 中提及的点 13（dd），以 105°角划定的线。

（3）从前一款中提及的线和基线向海一侧的 12 海里的线（下称“12 海里线”）的第一个交叉点，以 15°角划定的线。

（4）从前一款中提及的点，以 285° 角划定的线，以便与 12 海里的线成正切。

（5）从附录 1 中提及的点 13（cc）到 3 海里距离的点，以 358°角划定的线。

（6）从前一款中提及的线的终点，以 285°角划定的线。

（7）从前一款中提及的线和 12 海里线的第一个交叉点，以 15° 角划定的线。

在指定区域内基线向海一侧的 3 海里划定的线（下称“3 海里线”），以及关于在上述第（2）款和第（6）款中提及的指定区域的线（限制在与3海里线交叉点和与12海里线交叉点之间的那些区域）。

2. 关于津轻海峡（Tugaru Kaikyo）的指定区域，为以下各条线和海岸围绕的海域：

（1）连接附录1中提及的点12（k）和点12（l）的线。

（2）从附录1中提及的点12（m）到3海里距离的点，以16°角划定的线。

（3）从前一款中提及的线的终点，以90°角划定的线。

（4）从前一款中提及的线和12海里线的第一个交叉点，以0°角划定的线。

（5）从附录1中提及的点12（k）到3海里距离的点，以326°角划定的线。

（6）从前一款中提及的线的终点，以235°角划定的线。

（7）从附录1中提及的点12（k）到3海里距离的点，以325°角划定的线。

（8）顺次连接附录1中提及的点13（e）到点13（m）的线。

（9）从附录1中提及的点13（m）到3海里距离的点，以145°角划定的线。

（10）从前一款中提及的线的终点，以235°角划定的线。

（11）从附录1中提及的点13（e）到3海里距离的点，以149°角划定的线。

（12）从前一款中提及的线的终点，以90°角划定的线。

在指定区域内的3海里线，以及关于在上述第（3）款、第（6）款、第（10）款和第（12）款中提及的指定区域的线（限制在与3海里线交叉点和与12海里线交叉点之间的那些区域）。

3. 关于对马海峡东水道（Tusima Kaikyo Higasi Suido）的指定区域，为以下各条线围绕的海域：

（1）连接附录1中提及的点9（s）和点9（t）的线。

（2）从前一款中提及的线上的一点，以12°角划定的线，以便穿过位于282°角，并与北纬34°14′41″和东经130°5′54″的点距离12海里的点（Oki-no-Sima的西至最西北端的点）。

（3）连接附录1中提及的点9（s）和点9（r）的线。

（4）从前一款中提及的线上的一点，以359°角划定的线，以便穿过位于282°角，并与北纬34°14′41″和东经129°7′31″的点（Tusimase Hana的最北端的点，Ukusima）距离 12 海里。

（5）顺次连接附录 1 中提及的点 10（g）到点 10（k）的线。

（6）从附录 1 中提及的点 10（k）到 3 海里距离的点，以 155° 角划定的线。

（7）从前一款中提及的线的终点，以 227° 角划定的线。

（8）从附录 1 中提及的点 10（g）到 3 海里距离的点，以 120° 角划定的线。

（9）从前一款中提及的线的终点，以 43° 角划定的线。

（10）连接第（2）款中提及的线与 12 海里线的交叉点和第（9）款提及的线与 12 海里线的第一个交叉的线。

（11）连接第（4）款中提及的线与 12 海里线的交叉点和第（9）款提及的线与 12 海里线的第一个交叉的线。

在指定区域内的 3 海里线，以及关于在上述第（2）款、第（4）款、第（7）款和第（9）款中提及的指定区域的线（限制在与 3 海里线交叉点和与 12 海里线交叉点之间的那些区域）。

4. 关于对马海峡西水道（Tusima Kaikyo Higasi Suido）的指定区域，为以下各条线围绕的海域：

（1）连接附录 1 中提及的点 10（r）和点 10（y）的线。

（2）从附录 1 中提及的点 10（y）到 3 海里距离的点，以 322° 角划定的线。

（3）从前一款中提及的线的终点，以 52° 角划定的线。

（4）从前一款中提及的线与 12 海里的线的第一个交叉点，以 322° 角划定的线。

（5）从前一款中提及的线上的一点，以 232° 角划定的线，以便与 12 海里的线成正切。

（6）从附录 1 中提及的点 10（r）到 3 海里距离的点，以 287° 角划定的线。

（7）从前一款中提及的线的终点，以 197° 角划定的线。

（8）从前一款中提及的线与 12 海里的线的第一个交叉点，以 287° 角划定的线。

（9）从前一款中提及的线上的一点，以 17° 角划定的线，以便与 12 海里的线成正切。

（10）连接第（2）款中提及的线与 12 海里线的交叉点和第（9）款提及的

线与 12 海里线的第一个交叉的线。

（11）连接第（4）款中提及的线与 12 海里线的交叉点和第（9）款提及的线与 12 海里线的第一个交叉的线。

在指定区域内的 3 海里线，以及关于在上述第（3）款和第（7）款中提及的指定区域的线（限制在与 3 海里线交叉点和与 12 海里线交叉点之间的那些区域）。

5. 关于大隅海峡（Osumi Kaikyo）的指定区域，为以下各条线和海岸围绕的海域：

（1）从北纬 30°50′33″ 和东经 131°3′24″ 的点（Kisika Saki 的最北端的点，Tanega-Sima），以 60°角划定的线。

（2）连接北纬 30°50′33″ 和东经 131°3′24″ 的点（Kisika Saki 的最北端的点，Tanega-Sima）与北纬 30°46′9″ 和东经 130°51′26″ 的点（Kami-no-Misaki 的最北端的点，Mage Sima）。

（3）连接北纬 30°43′35″ 和东经 130°50′5″ 的点（Simono-Misaki 的最西南端的点，Mage Sima）与北纬 30°26′3″ 和东经 130°15′50″ 的点（Mega Saki 的最东南端的点，Kutinoerabu Sima）。

（4）从北纬 30°29′21″ 和东经 130°8′34″ 的点（No Saki 的最西端的点，Kutinoerabu Sima），以 240° 角划定的线。

（5）从前一款中提及的线与 12 海里的线的交叉点，以 330° 角划定的线。

（6）顺次连接附录 1 中提及的点 9（b）到 9（e）的线。

（7）从附录 1 中提及的点 9（e）到 3 海里距离的点，以 187° 角划定的线。

（8）从前一款中提及的线的终点，以 240° 角划定的线。

（9）从附录 1 中提及的点 9（b）到 3 海里距离的点，以 187° 角划定的线。

（10）从前一款中提及的线的终点，以 54° 角划定的线。

（11）从前一款中提及的线与 12 海里的线的交叉点，以 144° 角划定的线。

在指定区域内的 3 海里线，以及关于在上述第（1）款到第（4）款、第（8）款和第（10）款中提及的指定区域的线（限制在与 3 海里线交叉点和与 12 海里线交叉点之间的那些区域）。

约 旦

Jordan

（英文文本截止于 2009 年 1 月 16 日）

渔 业 法

（1943 年 12 月 2 日第 25 号法令）

……（原文如此，下同 —— 译者注。）

第二条

本法中，除上下文另有规定：

…………

“外约旦”（Transjordan）包括邻接外约旦海岸并自低潮线量起 3 海里的一带海域。

…………

第四条

除非持有捕捞许可证，任何人不得进行捕捞活动。办理捕捞许可证每财政年度需缴纳 100 密尔（mills①）。

…………

① mill 为约旦货币单位。—— 译者注

第五条

任何司法官员、警察或海关官员以及其他有总理授权的官员为本法各条款实施之目的,可以:

…………

(2)登临并搜查有充分理由认为其参与捕鱼的船只,并检查其中的任何渔获和捕鱼工具。

(3)有合理根据怀疑有犯罪行为发生时,无需经传唤或授权,将犯罪嫌疑人、船只、捕鱼工具以及渔获送往最近的警察局,扣留待审的船只和捕鱼工具,出售渔获并依法扣押销售所得收益。

…………

科 威 特
Kuwait

（英文文本截止于 2009 年 1 月 16 日）

科威特国王公告
（1949 年 6 月 12 日）

鉴于迫切希望促进世界自然资源得到更好利用而进行的各种努力；

鉴于科威特沿岸波斯湾部分可能存在宝贵的资源，而且这种水下资源的利用愈加可行；

鉴于保护、养护及有序发展该资源之利益，有适当控制这种资源开发的需要；

鉴于自海岸延伸一定合理距离的海床和底土自然附属于相邻国家并受相邻沿海国控制的公平性；

鉴于沿海国对邻接其海岸的海床和底土的自然资源行使控制权在国际实践中已经由其他国家的行为加以确认；

因此，我们科威特的国王，依照我们在此所能够行使的所有权利荣幸地宣告如下内容：

科威特的国王特此宣布邻接科威特国领水并向海一侧延伸至各国边界的波斯湾公海下的海床和底土，经科威特统治者同邻国在平等原则基础上磋商后更加准确地确认,属于科威特国并受科威特的专属管辖和控制。

本公告任何内容不应被认为影响岛屿的主权或任何国家领水下海床和底土的法律地位。

本公告任何内容不应被认为影响领水以外的波斯湾海床上覆水域作为公海的法律性质,科威特在波斯湾领水之外的水域上空的法律地位,及该水域内渔业权利和传统珍珠养殖业权利。

科威特国领海宽度划界法令

(1967年12月17日)

第一条

科威特的领海自本法第二条确定的大陆基线和岛屿基线算起向海一侧延伸12海里。

第二条

测算科威特领海宽度的基线依如下方法确定:

(1)如大陆或科威特岛屿的海岸完全面向大海,则海岸的低潮线为基线;

(2)如有港口和海港,构成海港组成部分的最外部永久海港工程视为海岸的一部分;

(3)如果低潮高地与大陆或科威特的岛屿的距离不超过12海里,该低潮高地的外缘为测算领海宽度的大陆基线,或视情况而定可作为其坐落的岛屿的基线;

(4)科威特海湾内的水域为内水,基线为1964年第12号法令《保护可航水域免受石油污染法》的附件3确定的横越海湾入口的封口线。

第三条

本法中,"岛屿"指四面环水并在平均高潮时高于水面的自然形成的陆地区域。

"低潮高地"是指低潮时四面环水且高于水面但在高潮时没入水中的自然形成的陆地区域。

第四条

如果依照本法测算的科威特的领海与其他国家的领海或依 1965 年 7 月 7 日《中立区的分区协定》所确定的分区相重叠,则应依照本法序言规定,两国的领海和毗连区的界限按照《日内瓦公约》第十二条确定。

第五条

本法的实施不应被认为以任何方式影响上述《中立区的分区协定》所确定的利益相关方在分区向海一侧水下区域内的各项权利。

本法的实施也不应被认为以任何方式减损在某一分区或附属于每一分区的海底区域的各项权利,该分区特别规定在科威特境内石油公司与科威特政府签订的许可协议中。

第六条

本法各条款均无损于科威特国将来在邻接其领海的地区划界的权利或开发渔业资源的权利。

…………

黎 巴 嫩
Lebanon

（英文文本截止于2010年11月10日）

领水和海域法
（1983年9月7日第138号立法法令）

第一条

依照黎巴嫩缔结或签署的国际条约，黎巴嫩的领水宽度在此确定为自海岸的最低潮线起算12海里。

第二条

领水内设立禁止船舶进入的区域和确定航线经公共工程和运输部部长、财政部部长和国防部部长提议，由部长委员会颁布法令确认后生效。

上述法令应明确规定本法令所规范的船舶类型。

第三条

任何违反本法第二条规定的行为处以五千到两万黎巴嫩镑（黎镑）的罚款。根据公共工程和运输部部长决定，还可以对违法者处以名誉刑，且其船只不得进入黎巴嫩港口。

罚款的收缴应依照现行有效的法律和规章。

如果违反其他现行有效的法律或规章，本法所规定适用的处罚不影响其他法律对该行为进行处罚。

马 来 西 亚
Malaysia

（英文文本截止于 2009 年 5 月 22 日）

1966 年大陆架法

（1966 年 7 月 28 日第 57 号法令，1972 年第 83 号法令修订）

第一条

本法可称为《1966 年大陆架法》。

第二条

本法中，除非上下文另有规定——

“大陆架”系指邻接马来西亚海岸，并在国家领水界限以外的海床及底土，其深度不超过海面以下 200 米，或超过此限而上覆水域的深度容许开采其自然资源的海底区域的海床和底土。

“自然资源”系指：

（1）海床和底土的矿物和其他天然非生物资源；

（2）定居种生物，即在可捕捞阶段在海床上或海床下移动或其躯体须与海床或底土保持接触才能移动的生物。

“石油”包括以其天然状态存在于地层中的任何矿物油或有关碳氢化合物和天然气，但不包括可以用分解蒸馏法提炼出石油的煤炭或沥青页岩或其他矿藏。

第三条

勘探大陆架及开发其自然资源的一切权利属于马来西亚,并由政府行使。

第四条

1. 除非依据并符合《1966 年石油开采法》的规定,任何人均不得从事勘探、勘察、钻探或任何其他活动,以获取大陆架海床上及底土中的矿物。

2. 为下列各条款的目的,"矿物" 一词应解释为除石油以外的矿物。

3. 除非持有按照下列各款发放的许可证,任何人均不得勘探、勘察、钻探或从事其他活动以获取大陆架海床上或底土中的矿物。

4. 部长可经常根据其利益的要求,向任何人发放许可证,批准其在大陆架任何特定区域内从事勘探、勘察、钻探、开采和进行任何活动以获取任何种类的矿物。

5. 许可证的申请及依第 4 款发放的许可证,应按照规定格式并支付规定的费用及部长可能规定的其他费用,并应依部长在发放许可证时依具体情况认为适当的条件,包括在不限制本条上述规定的一般原则的前提下,要求许可证持有人 ——

(1)遵守许可证中确定的有关安全的条件;

(2)许可证持有人在大陆架发现任何矿物时,应向联邦政府支付许可证中规定的矿区使用费。

6. 按照第 4 款规定发放许可证,应完全由部长决定;任何数量的许可证可发放给同一人;任何许可证持有人与按照第 4 款规定已经发放的或今后可能发放的许可证的其他持有人,享有同样的权利。

7. 除持有按照第 4 款规定发放的许可证,并遵守许可证的各项条件外(并非与向联邦政府支付矿区使用费有关的条件),任何人勘探、勘察、钻探、开采或从事任何活动以获取大陆架海床或底土的任何矿藏均属违法,并将依法处以不超过两万美元的罚款或不超过两年的监禁,或并处罚款和监禁;其全部器械、工具、装置、建筑物和其他财产,以及所发现或经证实系由非法勘探、勘察或开采大陆架区域所获取的任何矿物或其他产品应予以没收。

第五条

1. 依本条并为本法和其他尚未在马来西亚生效的任何成文法(无论其制

定时间先于或后于本法）的目的：

（1）任何作为或不作为，如发生在大陆架内，或其下或其上，或在距大陆架500米的任何水域建造、竖立、设置或适用于大陆架勘探或自然资源开采有关的任何设施或装置（无论临时或永久），都将被视为发生在马来西亚；

（2）任何上述设施或装置以及设施或装置周围500米的任何水域应视为位于马来西亚，为行使司法管辖权的目的，应视为位于离该设施或装置最近的大潮高潮线上的马来西亚地区；

（3）如某项作为或不作为发生在马来西亚，任何对此有司法管辖权（无论民事管辖或刑事管辖）的法院应据此实行司法管辖；

（4）如某项作为或不作为，或涉嫌的作为或不作为发生在或涉嫌发生在马来西亚，依任何成文法（无论其制定时间先于或后于本法）所行使的任何代表权、登临权、搜查权、扣押权或其他权力都可适用于任何设施或装置，或其周围500米的任何水域，一如该设施或装置或水域是在马来西亚；

（5）在不违反《1967年关税法》各项条款的前提下，任何被带到大陆架上覆水域而且其部分处于海水下的设施、装置，以及被用来建造某设施、装置的任何材料或器材，都将被视为与大陆架的勘探及自然资源的开发有关的设施或装置，是在马来西亚大陆架之内、之上或上方建造、竖立或设置的设施和装置。

2. 最高领导可随时以命令的方式——

（1）修改或排除适用成文法（无论其制定时间先于或后于本法）的任何条款，使本条第1款得以充分实施；

（2）宣告任何成文法规定，经做出其认为适当的修改或例外（无论其制定时间先于或后于本法），适用于与大陆架或部分大陆架的勘探或其自然资源的开发有关的大陆架或其任何区域，或发生在大陆架之内、之上或上方的作为或不作为。关于大陆架或其部分区域的勘探或其自然资源的开发，经做出修正或例外的上述成文法的条款应对其适用，如同大陆架或其部分区域是位于马来西亚境内。

3. 本法对规定任何人在马来西亚作为或不作为责任的成文法条款，或依照任何成文法赋予马来西亚任何法院的司法管辖权，不构成任何限制。

4. 虽有任何其他成文法的规定，马来西亚法院依本法赋予的管辖权在未得到公诉人允许之前不得对任何违法者进行审判和处罚。

尽管没有取得检察院公诉人的同意,但在取得同意之前,只要被告将被逮捕或逮捕证将予签发并交付执行,对该案件就不得进一步起诉。

5. 本条内“装置”一词包括与任何设施或装置有关的船只、水上平台或航空器。

第六条

1. 最高领导得为下列事项制定规则——

(1)调整在大陆架或其特定区域内、大陆架上或与大陆架或其部分区域的勘探或其自然资源的开发有关的设施或装置的建造、竖立或使用;

(2)禁止在大陆架内、大陆架上或其上方对沿岸航行或使用国际航行必经的公认海道可能有干扰的地方建造、竖立、放置或使用设施或装置;

(3)设置大陆架内、大陆架上或其上方的设施或装置周围自外缘各点量起,向外延伸不超过 500 米的安全地带;

(4)采取他认为必要的措施,在安全地带内建立与保护安全地带有关的设施或装置;

(5)管理或制止船舶进入任何安全地带;

(6)制定在该地带采取的措施,保护海洋生物资源和大陆架自然资源免受侵害;

(7)发布关于大陆架内、大陆架上或其上方的设施或装置的建立、数量和放置的公告;

(8)规定警告船舶和航空器注意大陆架内、大陆架上或其上方设施或装置的存在的永久性方式;

(9)规定大陆架内、大陆架上或其上方已废弃或不再使用的设施或装置的清除;

(10)禁止或限制最高领导认为可能导致对航海、捕鱼或海洋生物资源养护产生不合理侵扰、或有可能妨碍国防、海洋或其他科学研究或海底电缆或管道的大陆架或其任何特定区域的勘探或其自然资源的开发;

(11)为彻底实施本法并行使合理的行政管理制定必要条款;

(12)制定规章对违反者处以不超过 5000 美元的罚款。

2. 本条款中,“大陆架”一词包括国家领水界限内海域的海床和底土。

本条款中的任何规定都不影响国家领水界限内有关区域的陆地法或任

何其他成文法授予政府的权利和权力。

第七条

1. 在 1969 年 11 月 8 日前，依在沙巴（Sabah）和沙捞越（Sarawak）生效的任何成文法发放或制定的，旨在勘探、勘察或开采大陆架上除石油以外资源的任何勘探许可证、开采租约或协议，应依本条第 2 款、第 3 款、第 4 款继续有效。

2. 由沙巴和沙捞越政府根据第 1 款所指的任何勘探许可证、开采租约或协议所产生或获得的所有权利，以及其所担负和承担的责任和义务，应由联邦政府获得并由其担负和承担。

3. 第 1 款中所指的勘探许可证、开采租约或协议的条款，应受本法限制。

4. 最高领导得在 1972 年 12 月 31 日之前的任何时间，以命令的方式进一步制定他认为必要或便利的过渡性或限制性条款。

紧急（基本权力）法令

（1969 年第 7 号法令，1969 年修订）

…………

第二条　解释

本法令适用于马来西亚全境。

第三条　领海宽度

1. 马来西亚领海宽度为 12 海里，该宽度应当依照 1958 年《领海及毗连区公约》的第三条、第四条、第六条、第七条、第八条、第九条、第十条、第十一条、第十二条和第十三条测算，但马六甲海峡（Straits of Malacca）、苏禄海（Sulu Sea）和西里伯斯海（Celebes Sea）除外。

2. 在适用上述条款时，“领海”一词应理解为“领水”。

第四条　法律的修改

1. 除本条第 2 款另有规定外，任何成文法中涉及领水的部分在影响联邦法律的范围内应受本法令的限制。

2. 为《1966 年大陆架法》《1966 年石油矿业法》《1966 年国家土地法》

和在沙巴(Sabah)和沙捞越(Sarawak)地区有关土地的任何有效成文法之目的,任何提及领水的部分相对领土而言,应被理解为邻接海岸且从低潮标起算不超过3海里的一部分海域。

第五条 大比例尺海图的公布

1. 只要最高元首在今后或此后随时认为有必要时,他应公布标明马来西亚的低潮线、基线以及领水区域和外部界限的大比例尺海图。

2. 该海图副本应作为一般信息在公报上公布。

第六条 领水的变更

根据马来西亚和另一沿海国之间的任何协定,最高元首可以通过命令改变马来西亚的领水区域,而且依此做出的任何变更应该在大比例尺海图上标明。该海图副本应作为一般信息在公报上公布。

第七条 证据

在马来西亚任何法院进行的任何诉讼中,只要问题涉及作为或不作为是否发生在马来西亚领水内,由负责外交事务的部长或代表该部长行事的人签署的关于上述问题结果的证明书应作为证据被接受,并且是证明书所陈述事实的初步证据。

…………

专属经济区法

(1984年第311号法令)

第一部分 序 言

第一条 简称、适用和前言

1. 本法称为《1984年专属经济区法》,并适用于马来西亚的专属经济区。本法与马来西亚专属经济区以及大陆架某些方面有关,并规制对区域内和大陆架上有关活动和其他相关事务制定规定。

2. 本法中关于大陆架的条款为《1966年大陆架法》的补充,该法规定不得违反。

3. 如果本法规定与其他可适用的成文法相关条款冲突或矛盾时，本法规定应代替与之冲突或矛盾的可适用的成文法的规定，而且后法应依照本法解释。

4. 其他可适用的成文法未与本法冲突和矛盾的条款应当继续适用。

5. 本法令自最高元首（Yang di-Pertuan Agong）在政府公报中指定的日期起生效。最高元首可以对本法的不同条款在专属经济区和大陆架的不同区域指定不同的生效日期。

第二条　解释

本法中，除上下文另有规定：

“可适用成文法”是指任何成文法：

（1）在依照本法第四十二条规定作出命令或特别规定如此适用的情况下，适用于专属经济区或大陆架或同时适用于二者；

（2）根据《1966 年大陆架法》的规定，有关大陆架的适用包括《1966 年大陆架法》。

“主管官员”是指《1963 年渔业法》第二条定义的渔业官员，《1952 年商船条例》第二条所定义的港口官员，《1967 年警察法》第二条定义的不低于警长警衔的警察，《1967 年税法》第二条定义的税务官员，《1972 年武装部队法》第二条定义的任何武装官员，以及指挥政府船只的任何级别的公职人员和根据本法第三十九条被指定为获授权官员的任何其他个人或一类人。

“大陆架”是指《1966 年大陆架法》第二条定义的马来西亚的大陆架。

“总干事”是指《1974 年环境质量法》第二条定义的环境质量总干事。

“倾倒”是指：

（1）从船只、飞机、平台或其他海上人工设施故意处置废物或其他物质的行为；

（2）故意处置船只、飞机、平台或其他海上人工设施的行为。

但是，“倾倒”不包括：

①船只、飞机、平台或其他人造海上结构及其装备的正常操作所附带发生或产生的废物或其他物质的处置，但为了处置这种物质而操作的船只、飞机、平台或其他海上人工设施所运载或向其输送的废物或其他物质，或在这

种船只、飞机、平台或设施上处理这种废物或其他物质所产生的废物或其他物质均除外；

②并非单纯为处置物质而放置物质，但以这种放置不违反本法、其他可适用的成文法和国际法的目的为限。

“专属经济区”或“海域”是指根据本法第三条确定的马来西亚的专属经济区。

“政府”是指马来西亚政府，且包括依照《1969 年部长职责法》制定的命令，负责本法规定应诉诸政府的相关事务的部长，以及临时行使这种部长职能的其他部长。

“马来西亚渔业水域”是指包括马来西亚的内水、领海和专属经济区在内的马来西亚行使渔业主权和专属权的所有水域。

“海难”是指船只碰撞、搁浅或其他航行事故，或船上或船外所发生对船只或船货造成重大损害或重大损害的迫切威胁的其他事故。

“船长”是指对于船舶而言，每一个当时指挥或负责该船舶的人或合法履行船长职责的人（除引航员和《1952 年商船条例》第二条定义的港口官员）。

“含油混合物”是指：

（1）含油量为万分之一以上的一种混合物；

（2）含有该种油分而被负责环境的部长为本法之目的在公报中以命令规定为含油混合物的一种混合物。

“油”是指：

（1）原油、柴油、燃油或润滑油；或者

（2）负责环境的部长为本法之目的在公报中以命令规定为油的其他种类的油。

“所有人”是就船舶而言，任何拥有船舶的个人或团体，无论其是否为公司形式，还包括船舶出租人、转租人、承租人或分租承租人。

“污染物”是指一旦被投入海洋中，会威胁人类健康或有害于海洋生物资源或其他海洋生物，破坏海洋设施或干扰其他海洋的合法用途的任何一种物质，且不限于上述提到的概括性规定，还包括负责环境的部长为本法之目的在政府公报中以命令规定为污染物的其他物质。

“国家”应与国际法中国家一词有相同含义。

“领海”是指依照 1969 年第 7 号法令《紧急（基本权力）法令》确定的马来西亚的领水。

“本法”包括依照本法制定的规章和其他附属立法，且包括任何依据本法或上述规章和其他附属立法作出的行为。

“船舶”包括各种船只、浮动艇筏、潜水艇或漂浮或潜水的设施。

“废弃物”包括：

（1）在海洋环境中以会引起环境改变的数量、成分或方式排放、发射、放置或倾倒任何液体的、固体的、气体的和放射性的物质；

（2）负责环境的部长为本法之目的在政府公报中以命令规定为废弃物的其他物质。

第二部分　专属经济区

第三条　马来西亚的专属经济区

1. 根据最高元首在（A）115/80 中的命令宣布：马来西亚的专属经济区为马来西亚领海以外并邻接领海的一个区域，并且受本条第 2 款和第 4 款规定的限制，专属经济区自测算领海宽度的基线量起延伸 200 海里。

2. 如果马来西亚与其海岸相向或相邻国家之间存在有效的相关协定，专属经济区的划界应依照该协定规定确定。

3. 国家元首可将专属经济区的界限不定期公布在地图或海图上。

4. 如果存在有关的国际法、国家实践或本条第 2 款所述的协定，国家元首认为必要时，可以在公报中通过命令变更依照本条第 1 款确定的专属经济区的界限。

第四条　专属经济区的主权权利和管辖权

马来西亚在专属经济区内享有：

（1）以勘探和开发、养护和管理海床上覆水域和海床及其底土的自然资源（不论为生物或非生物资源）为目的的主权权利，以及关于在该区内从事经济性开发和勘探，如利用海水、海流和风力生产能等其他活动的主权权利；

（2）对下列事项的管辖权：

①人工岛屿、设施和结构的建造和使用；

②海洋科学研究；

③海洋环境的保护和保全；

（3）国际法规定的其他权利和义务。

第五条 未经授权不得在专属经济区内或大陆架上进行下列活动

除依本法或经过其他可适用的成文法授权，任何人不得在专属经济区内的大陆架上：

（1）开发和勘探任何自然资源，不论生物或非生物资源；

（2）进行任何研究、开凿或钻井作业；

（3）进行任何海洋科学研究；

（4）建造或授权和管理建造、操作和使用：

①任何人工岛屿；

②为本法第四条所规定的任何目的和任何其他经济目的的设施和结构；

③可能干扰马来西亚在区内或大陆架上行使权利的任何设施和结构。

第三部分 渔 业

第六条 专属经济区海域为马来西亚渔业水域的部分

专属经济区内的海域为马来西亚渔业水域的组成部分。

第七条 区内渔业责任部长

负责渔业的部长也应负责专属经济区内的渔业。

第八条 关于渔业的成文法在区内和大陆架上的适用

除本法另有规定，任何关于渔业的成文法应适用于专属经济区内和大陆架上，并经依本法第四十二条颁布的命令做出必要修改和例外规定。

第四部分 海洋环境的保护和保全

第九条 马来西亚开发其自然资源的主权权利

在专属经济区内，马来西亚享有依据其环境政策和按照其保护和保全区内海洋环境的职责开发其自然资源的主权权利。

第十条 马来西亚开发其自然资源的主权权利

1. 如果来自任何船舶、陆地来源、设施、装置或飞机的以及来自或通过大气层的或因倾倒造成的任何油、含油混合物或污染物在专属经济区内排放或泄漏——

(1)如果排放或泄漏来自船舶,船舶的所有人或船长;或者

(2)如果排放或泄漏来自陆地,土地的所有人或占有人;或者

(3)如果排放或泄漏来自设施或装置,设施或装置的所有人或负责人;或者

(4)如果排放或泄漏来自飞机,飞机的所有人或飞行员,均以违法者论,并被处以不超过 100 万令吉①的罚款。

2. 如果因本条第 1 款所述人员以外的其他人员的作为或不作为行为引起的上述排放或泄漏,则该其他人员被认为违法,并处以不超过 100 万令吉的罚款。

3. 本条第 2 款的执行不免除或减轻第 1 款所述人员因第 1 款所规定的违法行为所承担的责任。

4. 虽有本法规定,但倾倒废弃物或其他物品应持有总干事颁发的许可证,且受其规定的条件限制。

第十一条 对本法第十条规定的指控的抗辩

如果被指控有第十条规定的违法行为的人能证明,排放或泄漏该条第 1 款所述的物质是为保证有关船舶、陆地土地、设施、装置或飞机的安全,或者为了援救生命之目的,这可以成为抗辩理由,但是如果法院确信排放或泄漏不是实现上述目的必须的手段或当时情况下的合理步骤,则不可以适用本条进行抗辩。

第十二条 报告特定物质排放和泄露的要求

1. 如果来源于任何船舶、陆地、设施、装置或飞机的,以及来自或通过大气层或因倾倒造成的任何油、含油混合物或污染物在专属经济区内排放或泄漏,根据具体情况的不同,船舶的所有人或船长、土地的所有人或占有人、设施或装置的所有人或负责人、飞机的所有人或飞行员应将此种排放或泄漏立即向总干事报告。

---

① 令吉(ringgit),马来西亚货币单位。

2. 任何未遵守本条规定的人员以违法者论，并应被处以不超过1万令吉的罚款。

第十三条 海难的相关措施

1. 政府可以制定有关专属经济区的必要措施，以保护马来西亚的沿岸及环境的任何部分，或因素或相关利益（包括捕鱼）免受污染或污染的威胁，此种威胁是由海难或与海难有关的、可以合理预见将导致主要损害后果的行为引起的。

2. 本条第1款中所述措施应当与海岸线、环境或相关利益（包括捕鱼）的任何部分或因素所受到的实际损害和预期损害相对称。

第十四条 消除、疏散、消灭或减轻损害的指示和行动

1. 如果因本法第十条所述的物质的排放和泄漏导致马来西亚的海岸线、环境或相关利益（包括在专属经济区内的捕鱼）的任何部分或因素受到损害或损害的威胁，总干事可以为消除、疏散、消灭或减轻这种损害或损害威胁下达必要指示或采取必要行动。

2. 任何人不遵守总干事根据本条第1款所做的指示，应被认定为违法行为，并处以不超过1万令吉的罚款。

3. 根据本法第十条所述物质的排放和泄漏的来源的不同，船舶的所有人或船长、土地的所有人或占有人、设施或装置的所有人或负责人、飞机的所有人或飞行员对为满足本条第1款消除、疏散、消灭或减轻损害的所有或任何工作所发生的全部费用和支出负共同连带责任，上述人员的任何财产或利益应首先支付该费用和支出。

4. 如果排放或泄漏是由本条第3款所列人员之外的其他人员的作为或不作为引起，则该其他人员也应和上款所列人员对执行为满足第1款消除、疏散、消灭或减轻损害之要求的所有或任何工作所发生的全部费用和支出负共同连带责任，该其他人员的任何财产或利益应首先支付该费用和支出。

第十五条 扣留和拍卖船舶的权利

1. 在本法第十四条第1款规定的情形下，总干事可以扣留任何泄漏或排放油、含油混合物或污染物的船舶。

2. 如果总干事认为所有人向政府交纳的货币数量或提供的保证金足以支付执行本法第十四条第1款消除、疏散、消灭或减轻因排放和泄漏造成的

损害或损害的威胁之要求的所有或任何工作所发生的全部费用和支出，总干事可以释放依本条第 1 款扣留的船舶。

3. 如果被扣留的船舶没有依照本条第 2 款规定被释放而且驶入海洋，船舶的所有人、船长或任何其他引起船舶驶入海洋的人应以违法者论，并应被处以不超过 100 万令吉的罚款。

4. 如果依本条被认为违法的船舶的所有人、船长或任何其他引起船舶驶入海洋的人无力支付罚款或因执行第十四条第 1 款而发生的费用和支出，法院可以基于总干事的申请要求拍卖该船舶，并将拍卖收入用于支付罚款和发生的费用和支出。

第五部分　海洋科学研究

第十六条　进行海洋科学研究需得到政府同意

1. 专属经济区内和大陆架上的海洋科学研究，必须经政府明示同意，并在政府规定的条件下进行。

2. 受本法第十七条的限制，如果任何国家或主管国际组织为和平之目的和增进关于海洋环境的科学知识而进行海洋科学研究，政府应予同意。

第十七条　拒绝同意的权利

政府可以拒绝同意另一国家或主管国际组织在专属经济区内或大陆架上进行海洋科学研究项目，如果有理由认为该项目：

（1）与生物或非生物自然资源的勘探和开发有直接关系；

（2）涉及大陆架的钻探、炸药的使用或将污染物引入海洋环境；

（3）涉及人工岛屿、设施和结构的建造、操作或使用；

（4）含有依据本法第十八条有关该项目性质和目标的信息是不准确的，或进行研究的国家或主管国际组织由于先前进行的研究项目而对马来西亚的义务尚未履行；或者

（5）干扰马来西亚行使依照本法、其他可适用的成文法或国际法所享有的主权权利和管辖过程中的活动。

第十八条　提供信息的义务

任何国家和主管国际组织有意在专属经济区内或大陆架上进行海洋科

学研究，应在海洋科学研究项目预定开始日期至少6个月以前，向政府提供关于下列各项的详细说明：

（1）该项目的性质和目标；

（2）使用的方法和工具，包括船只的船名、吨位、类型和级别，以及科学装备的说明；

（3）实施项目的精确地理区域；

（4）研究船最初到达和最后离开的预定日期，或装备的部署和拆除的预定日期，视情况而定；

（5）主办机构的名称，其主办人和项目负责人的姓名；

（6）认为马来西亚应能参加或有代表参与该项目的程度。

第十九条 遵守某些条件的义务

1. 各国和各主管国际组织在专属经济区内或大陆架上进行海洋科学研究，应遵守下列条件：

（1）如政府愿意，确保其有权参加或有代表参与海洋科学研究项目，特别是于实际可行时在研究船和其他船只上或在科学研究设施上进行，但对马来西亚的科学工作者无须支付任何报酬，马来西亚亦无分担项目费用的义务；

（2）在实际可行的范围内尽快向政府提供初步报告，并于研究完成后提供所得的最后成果和结论；

（3）经政府要求，供政府使用从项目所取得的一切资料和样品，并同样向政府提供可以复制的资料和可以分离而不致有损其科学价值的样品；

（4）如经要求，向政府提供对此种资料、样品及研究成果的评价，或协助沿海国加以评价或解释；

（5）除非政府另有规定，确保在实际可行的情况下，尽快通过适当的国内或国际途径，使研究成果在国际上可以取得；

（6）研究方案有任何重大变更应立即通知政府；

（7）除非另有协议，研究完成后立即拆除科学研究设施或装置。

2. 本条不妨碍政府依照本法第十六条或第十七条的规定做出同意或拒绝同意的决定，并可视情况不同，要求在国际范围内获取项目中与勘探和开发自然资源有直接意义的研究成果应得到事先同意。

第二十条 海洋科学活动的暂停或停止

1. 政府可以要求暂停在专属经济区内或大陆架上正在进行的任何海洋科学研究活动，如果：

（1）研究活动的进行不符合以政府同意为基础的本法第十八条要求提供的信息；或者

（2）从事研究活动的国家或主管国际组织未遵守本法第十九条的规定。

2. 政府可以要求停止任何海洋科学研究活动，如果：

（1）背离依本法第十八条规定提供的信息而相当于将研究项目或研究活动作出重大改动；或者

（2）如果本条第1款所设任何情况在政府确定的合理期间内仍未得到纠正。

3. 政府发出暂停或停止海洋科学研究活动的通知后，其他国家或主管国际组织应立即终止该通知所指的全部或任何海洋科学研究活动。

4. 如果进行研究的国家或主管国际组织在政府确定的合理期间内依照本法第十八条和第十九条所要求的条件行事，政府应撤销根据本条第1款发出的暂停命令，海洋科学研究活动也应获准继续进行。

第六部分 人工岛屿、设施和结构

第二十一条 非经授权不得建造、操作或使用人工岛屿及其他设施

1. 非经政府授权并符合其规定的条件，任何人不得在专属经济区内或大陆架上建造、操作和使用任何人工岛屿、设施和结构。

2. 政府对专属经济区内和大陆架上的人工岛屿、设施和结构享有专属管辖权，包括有关税收、财政、卫生、安全和移民的法律方面的管辖权。

3. 政府可于必要时在这种人工岛屿、设施和结构的周围设置合理的安全地带，并可在该地带中采取适当措施以确保航行以及人工岛屿、设施和结构的安全。

4. 安全地带的宽度应由政府参照航行和人工岛屿、设施或结构可适用的国际标准加以确定，安全地带的范围应妥为通知。

5. 所有船舶都必须尊重这些安全地带，并应遵守政府依照一般可接受的

国际标准确定的关于在人工岛屿、设施、结构和安全地带附近航行的命令。

第七部分 海底电缆和管道

第二十二条 铺设海底电缆和管道路线的划定须经政府同意

1. 非经政府同意划定铺设海底电缆和管道路线，任何人不得在专属经济区内或大陆架上铺设海底电缆和管道。

2. 本条不妨害第 1 款规定，在行使为了勘探大陆架、开发自然资源和防止、减少和控制电缆或管道造成的污染而采取合理措施的权利时，政府可以规定铺设或维持海底电缆和管道所必须的条件。

第二十三条 海底电缆和管道所有人的义务

任何废弃或无法修复的海底电缆或管道的所有人应立即通知政府，并依照政府指示在规定的期间内拆除该电缆或管道。

第八部分 执 行

第二十四条 授权官员的权力

1. 为保证遵守本法或其他可适用的成文法，如果获授权官员有理由认为存在违反本法或可适用的成文法的违法行为，无需授权证他也可以：

（1）停止、登临或搜查任何专属经济区内的船舶，并检查和复制依照本法、其他可适用的成文法或一般接受的国际规则和标准规定船舶应备有的任何执照、许可证、记录、证明书或其他文件；

（2）如果为查明是否违反本法条款或其他可适用成文法之必要，可以对船舶及其船员、装备、工具、设施、器械、储备或货物进行进一步的询问和实际检查；

（3）进入并搜查任何他有理由认为存在违反本法或其他可适用成文法的行为的地方；

（4）逮捕任何他有理由认为犯有违反本法或其他可适用的成文法规定的违法行为的人；

（5）扣留任何他有理由认为被用于本法或其他可适用成文法规定的违法

行为的物品；

（6）扣留任何他有理由认为被用于本法或其他可适用成文法规定的违法行为或与该违法行为有关的船舶，包括船上的装备、工具、设施、器械、储备和货物。

2. 依照本条第 1 款扣留物品、船舶或财产，应给予书面确认。

第二十五条 紧追权

1. 如果获授权官员有理由认为外国船舶违反本法任何条款或其他可适用的成文法，他可以依照国际法在专属经济区内实行以停驶、逮捕和起诉为目的的紧追。

2. 对于国际法允许的专属经济区界限之外的船舶，获授权官员可以依本条行使第二十四条的权力。

3. 除马来西亚参加的区域协定或双边协定另有规定，紧追权在被追逐的船舶进入其本国或第三国的领海或专属经济区时立即终止。

第二十六条 对被逮捕人员的处理

1. 获授权官员依照本法或其他可适用的成文法规定完成逮捕后，应毫不迟延地将被逮捕人员移交给地方法官。

2. 获授权官员对被逮捕人员的拘留不得超出所有合理情形下允许的期限。

3. 上述期限在地方法官根据《刑事诉讼法》第一百一十七条未发布特殊命令或期限届满后，不得超过 24 小时，但不包括从逮捕地到地方法院的路程所需的必要时间。

第二十七条 被扣留船舶的处理

任何依照本部分被扣留的船舶及其船员应被送往最近的或最方便的港口，并依照本法条款或其他可适用的成文法处理。

第二十八条 阻碍授权官员及其他

任何人：

（1）故意阻碍获授权官员执行本法或其他可适用成文法授予的任何权力；

（2）不遵守本法或其他成文法规定的任何合法命令或要求；或者

（3）不遵守任何对犯罪行为未规定刑罚的本法或其他可适用成文法的条款，应被认为对犯罪行为负责。

第九部分 犯罪行为、刑罚、法定程序和赔偿

第二十九条 一般刑罚(之一)

任何依照本法规定为违法者但未受处罚的人,应被处以不少于100万令吉的罚款。

第三十条 一般刑罚(之二)

如果依本法或其他可适用成文法规定为犯罪的主体为公司、团体、组织或企业,与导致违法发生的活动直接相关的每个公司主管或员工、团体的每个成员或经营商行或企业的每个相关人员应对犯罪行为负有责任,并处以本法第二十九条规定的刑罚。

第三十一条 船长为其船舶上的犯罪行为承担责任

如果本法或其他可适用成文法规定的犯罪行为的主体是船舶上的任何人员,该船船长应对犯罪行为负有责任,并处以本法第二十九条规定的刑罚。

第三十二条 被扣留和没收船舶及其他

1. 除非本法另有规定,依本法或其他可适用成文法规定扣留的任何物品、船舶或财产应依照本法规定继续扣留以等待诉讼结果。

但是,如果所有人或代表所有人行事的人提交的保证书或其他担保满足获授权官员和法院的要求,获授权官员或法院可以释放该物品、船舶或财产,并与被要求交纳保证书和其他担保产生同样的效果。

2. 如果物品、船舶或财产依照本法条款或其他可适用成文法规定被扣留,扣留该物品、船舶或财产的获授权官员应该毫不迟延地就上述事项向所有人发出书面通知;如果所有人不明,应将上述结果的通知在公报上刊登;该物品、船舶或财产为外国人所有时,获授权官员应通过外交部将该事实通知该船舶的船旗国驻马来西亚的外交代表,或物品或财产所有人为其国民的国家。

3. 如果用尽本条第2款规定的所有方式仍然无法找到物品、船舶或财产的所有人,且由于本法或其他可适用成文法规定的所有人不明导致诉讼无法开始,被扣留物品、船舶或财产应自本条第2款规定的方法用尽之日起被继续扣留1个月直至政府予以没收,但在上述期间内发生对于该物品、船舶或财产的主张,有合法管辖权的法院应开展调查以便决定该主张是否合法,且

将该物品、船舶和财产按照法院规定的方式处理。

第三十三条 法院决定没收的权利

如果依照本法或其他可适用成文法认定一个人对违法行为负有责任，除其他可以适用的刑罚外，法院应该没收与犯罪行为有关或用于犯罪行为的任何物品、船舶和财产，并根据不同情况，取消、撤销或在法院认为合理的期间内吊销依照本法或其他可适用的成文法颁发或同意的执照或许可证。

第三十四条 （原文缺失 —— 译者注）

第三十五条 决定没收的物品、船舶和财产的处理

如经法院确认，证明依照本法或其他可适用成文法规定扣留的物品、船舶或财产为本法或其他可适用的成文法规定的犯罪行为的标的物，或被用于此种犯罪行为，即使无人被判犯有该罪，法院仍可以决定没收该物品、船舶和财产。

第三十六条 开庭法院和第一级地方法院依本法或其他可适用成文法有完全的管辖权和权力

1. 即使有其他相反规定的成文法，但为授予法院审理犯罪行为的司法管辖权之目的，本法或其他可适用成文法规定的犯罪行为应该被认为发生在马来西亚，而且为本法或其他可适用成文法的所有目的，开庭法院和第一级地方法院均有完全管辖权和权力。

2. 本法第 1 款规定不应被认为以任何方式减损高级法院根据任何成文法审理任何犯罪行为的管辖权和权力。

3. 对本法和其他可适用成文法规定的犯罪行为的任何诉讼应由距犯罪行为发生最近地，或检察官视案件情况确定的最方便审理地的法官开庭法院或第一级地方法院进行审理。

4. 本条不得违反《刑事诉讼法》有关案件移送的规定。

第三十七条 地图、平面图或海图的绘制

为本法或其他可适用成文法之目的，法院可以推定该地图、平面图或海图的绘制依据下列授权：

（1）联邦政府；

（2）马来西亚州政府；或者

（3）根据本法第二条定义的州政府且经过联邦政府或马来西亚任何州政

府批准适用是准确无误的。

第三十八条 起诉

1. 非经检察官同意,不能对本法或其他可适用成文法规定的犯罪行为提起诉讼。

如果被指控犯罪的人可以被逮捕,或可以对其发出令状并执行逮捕,即使对犯罪行为提起诉讼未获得检察官同意,任何被逮捕的人可以被判入狱或保释外出,但是在获得同意之前,对该案件不得进行公诉。

2. 在获得检察官同意提起诉讼之前任何人依本法被起诉到法院时,应向其宣读并解释指控内容,但不应要求他必须认罪,并且刑事诉讼法的条款应该依此作出相应修改。

第三十九条 最高元首可以任命其他人员为获授权官员

在不违背本法第二条关于获授权官员的定义的前提下,最高元首可以为本法和其他可适用成文法之目的,在政府公报上通过命令任命他认为有必要成为获授权官员的个人或群体。

第四十条 最高元首可以任命其他人员为获授权官员

1. 如果因违反本法或其他可适用成文法的任何作为或不作为,引起专属经济区内或大陆架上的任何人或财产或环境的任何部分或因素和相关利益的损害,船舶的所有人或船长、土地的所有人或占有人、设施或装置的所有人或负责人……(原文如此——译者注)

2.(原文缺失——译者注)

3. 在不违反本条第1款和第2款的一般规定的前提下,在专属经济区和大陆架上,这种责任应及于对任何个人、船舶、工具、用于任何活动的结构和设施(包括捕鱼和相关活动)、有关政府和马来西亚国家权利的实施或其他经政府同意的个人权利的实施引起损害的赔偿,同时也应对监管和监察活动、保护环境的活动和本条第1款所指的船舶的损毁进行赔偿。

4. 任何根据本条提起的损害赔偿应视情况依索赔价值和数额,分别起诉至马来西亚的高级法院、法官开庭法院或第一级地方法院。如果对索赔提起诉讼,相关法院有完全的管辖权和权力判决上述案件。

第十部分　其 他 规 定

第四十一条　制定规章的权力

1. 最高元首可以为执行本法条款之目的制定规章。

2. 在不违反本法第（1）款的一般规定的前提下，规章可以规定下列事项：

（1）管理专属经济区内和大陆架上进行的海洋科学研究；

（2）为保护和保全专属经济区内的海洋环境规定措施，包括外国船舶在进入马来西亚港口和内水或停靠近岸设施之前应遵守的条件；

（3）管理专属经济区内或大陆架上人工岛屿、设施和结构的建造、操作和使用，包括人工岛屿、设施和结构周围的安全带的建设；

（4）管理为利用海水、海流和风力生产能或其他经济目的在专属经济区内的开发和勘探；

（5）为马来西亚在专属经济区和大陆架全面有效地实现权利和管辖之目的，规定其他必要或有效的事项。

第四十二条　在专属经济区或大陆架分别或同时适用的成文法

1. 最高元首可以在政府公报上通过命令规定任何分别或同时适用于专属经济区内或大陆架上的成文法。

2. 最高元首可以在他认为必要时依照本条发布命令，对该成文法的适用作出修改和例外规定；修改或例外规定一旦作出，该成文法在专属经济区内和大陆架上分别或同时适用时应符合修改和例外规定。

3. 本条第 2 款提到的修改包括在最高元首认为必要时对该成文法作出的以下修订：

（1）使该成文法分别或同时在专属经济区内和大陆架上有效适用；

（2）避免该成文法的条款与本法或任何其他可适用成文法发生冲突和矛盾；

（3）使该成文法的条款与本法或任何其他可适用成文法保持一致。

4. 依本条作出的任何命令应自作出之后立即提交众议院。如果众议院自该命令提交之日起 3 个月内提出并通过一项动议驳回该命令，则该命令自此无效，但是不影响依本命令从事的行为的有效性或任何新命令。

马 尔 代 夫
Maldives

（英文文本截止于 2009 年 1 月 16 日）

宪法第一条修正案
（1975 年 4 月 15 日）

…………

马尔代夫的政治领土延伸至：从邻接马尔代夫海洋中每个环礁的外缘礁石量起 12 海里领水范围内的岛屿，以及与这些岛屿相连的海洋、上空及任何地方。

关于马尔代夫共和国专属经济区的第 30/76 号法令
（1976 年 12 月 5 日）

第一条

在联结下列坐标点的线内的区域（包括海洋和海床及其底土）构成马尔代夫共和国专属经济区：

(1)	7°57′27″N	69°35′45″E
(2)	7°57′27″N	69°11′48″E
(3)	4°02′20″S	69°11′48″E
(4)	4°02′20″S	77°05′42″E
(5)	3°27′15″N	77°05′42″E
(6)	4°47′04″N	77°01′40″E
(7)	4°52′15″N	76°56′48″E
(8)	5°05′35″N	76°43′15″E
(9)	5°13′56″N	76°36′48″E
(10)	6°28′14″N	75°41′34″E
(11)	6°33′21″N	75°38′31″E
(12)	6°51′06″N	75°25′46″E
(13)	7°15′27″N	75°16′19″E
(14)	7°24′00″N	75°12′06″E
(15)	7°25′19″N	75°11′18″E
(16)	7°51′30″N	74°56′09″E
(17)	7°48′30″N	74°29′45″E
(18)	7°41′50″N	73°38′34″E
(19)	7°39′02″N	73°19′38″E
(20)	7°40′52″N	73°03′23″E
(21)	7°42′19″N	72°49′30″E
(22)	7°42′54″N	72°42′26″E
(23)	7°49′05″N	72°03′45″E
(24)	8°05′38″N	70°15′08″E
(25)	7°57′27″N	69°35′45″E

第二条

为开发、保护和管理专属经济区内自然资源（不论生物或非生物资源）之目的或其他经济性目的，马尔代夫共和国在其专属经济区内有主权权利和专属管辖权。因此，非经马尔代夫共和国政府同意，非马尔代夫国民不得为任何经济目的使用或开发该区内产品或自然资源、进行科学研究或在该区内为任何目的建造、维持或操作人工结构和装置。

第三条

损害马尔代夫共和国在专属经济区内的主权权利的任何个人或多人应依照马尔代夫共和国的法律和规章被起诉和定罪。

外国船舶和飞机航行和通过马尔代夫共和国上空、领水和经济区法

（第 32/76 号法令，1976 年 12 月 5 日）

第一条

所有国家的船舶均享有无害通过马尔代夫共和国领水和其他专属经济区的权利。通过只要不损害马尔代夫共和国的和平、良好秩序与安全，就被认为是无害的。

但是，未经马尔代夫共和国政府事先同意，外国军舰不得进入马尔代夫共和国领水，外国渔船不得进入马尔代夫的经济区。在马尔代夫领水内航行的外国军舰应悬挂其国旗。潜艇应在水面航行并展示其旗帜。

第二条

外国飞机不得进入或通过马尔代夫共和国领土的上空，除非符合国际准则及马尔代夫共和国的现行法律和规章。未经马尔代夫共和国政府的事先同意，外国军用飞机不得进入或通过马尔代夫共和国领土上空。

外国船舶在马尔代夫共和国领水内的打捞及救助作业应依照马尔代夫共和国现行规章和惯例进行。

第三条

在马尔代夫共和国领土内的岛屿、礁石或沙滩上搁浅的任何外国船舶，如属被遗弃而又未将此事通知马尔代夫共和国政府，即为共和国政府财产。

第四条

所有船舶应对其在马尔代夫领土或经济区内因疏忽或故意对他方造成的任何损害负责。

第五条

任何违反本法规定的个人或团体均以犯罪论，一经定罪，应依马尔代夫共和国法律和规章予以处罚。

第六条

本法中除上下文另有规定者外，“船舶”一词系指任何种类的船舶，包括艇、小船或其他用于水面或水下航行的任何种类的船只。

“军舰”系指属于一国武装部队的船舶，或因其配备的设备可被用于任何战争目的的船舶。

“军用飞机”系指属于一国武装部队的飞机，或因其配备的设备可被用于任何战争目的的飞机。

马尔代夫海洋区域法

（第 6/96 号法令）

第一条 引言

本法规定有关马尔代夫的内水、领海、毗连区和专属经济区，称为《马尔代夫海洋区域法》。

第二条 内水

马尔代夫所有环礁、礁湖和岛礁的内陆水为马尔代夫的内水。除这些水域外，马尔代夫政府有权依照国际法规则指定其他海洋区域为马尔代夫内水。

第三条 群岛水域

除本法第二条规定的马尔代夫内水外，依照本法附件 1 划定的群岛基线内包含的海域为马尔代夫的群岛水域。

第四条 领海

自依照本法附件 1 划定的群岛基线起算 12 海里以内的海域为马尔代夫

的领海。

第五条 毗连区

自依本法第四条划定的领海外部界线起算 12 海里以内的海域为马尔代夫的毗连区。

第六条 专属经济区

邻接依本法第四条确定的领海并在领海以外的，自依照本法附件 1 划定的群岛基线起算 200 海里以内的一带海域为马尔代夫的专属经济区。

第七条 马尔代夫专属经济区与其他国家专属经济区的重叠部分

如果依本法第六条确定的专属经济区与其他国家的专属经济区相重叠，本法允许马尔代夫政府与该国就该重叠区域以及在该区域划定马尔代夫专属经济区的问题达成协议。

第八条 主权

除马尔代夫领陆及领空，马尔代夫主权及于内水、群岛水域和领海，包括海床、底土及其上空。

第九条 主权权利

在专属经济区内，马尔代夫有为开发、勘探、保护和管理区内自然资源（不论生物或非生物资源）之目的的主权权利，以及为经济性开发之目的进行其他活动的主权权利。非马尔代夫国民的人对区内自然资源的经济性开发，或为上述任何目的在区内进行科学研究和建设、操作和使用人工岛屿、设施或结构，应以马尔代夫政府的授权为限。

第十条 毗连区的管辖

马尔代夫可以在毗连区实行必要控制，以防止在马尔代夫领土和领海内违反其税收、财政、移民或卫生法律和规章，并处罚在马尔代夫领土和领海内违反上述法律和法规的行为。

第十一条 外国船舶进入马尔代夫内水

除非根据马尔代夫法律和规章经马尔代夫政府事先授权，外国船舶不得进入马尔代夫的内水。

第十二条 群岛水域的进入

外国船舶在国际航行中，享有在马尔代夫政府指定的海道中继续不停且迅速通过的群岛通过权。此种通过应当依据本法指定的规章。

第十三条 领海的进入

1. 除依照国际法适用无害通过的船舶外，其他船舶非依马尔代夫法律和规章，不得进入马尔代夫领海。

2. 除非经马尔代夫政府事先授权且符合马尔代夫的法律和规章，外国军舰、外国核动力船舶和载运核物质或其他本质上危险或有毒物质的船舶不得进入马尔代夫的领海。

第十四条 专属经济区的进入

除依马尔代夫法律经马尔代夫政府事先授权，外国船舶不得进入马尔代夫专属经济区。

第十五条 领空的进入和通过

1. 除依国际标准和马尔代夫可适用的有效规章，外国飞机不得飞越马尔代夫领空或通过马尔代夫的领陆、内水、群岛水域和领海的上空。除上述规定外，飞机不得进入上述的领空和航线。

2. 非经马尔代夫政府的授权，外国军用飞机不得飞越本条第（1）款规定的领空或空中航线。除上述规定外，军用飞机不得进入上述的领空和航线。

第十六条 国际法规定的权利

除本法规定的事项外，马尔代夫享有任何国家根据国际法享有的有关海洋区域所有其他权利和管辖权。

第十七条 规章

马尔代夫政府有权制定有关马尔代夫海洋区域及其上空的规章。

第十八条 定义

本法中：

（1）“群岛基线”是指依照本法附件 1 确定的坐标划定的线。

（2）“海里”是指国际海里，即 1852 米。

（3）“军舰”是指舰艇和船上配备有武器且能够参加战争的船舶。

（4）“军用飞机”是指配备有武器且能够参加战争的空军部队的飞机。

第十九条 废止

在本法生效时，第 30/76 号法令（《马尔代夫专属经济区法》）和第 32/76 号法令（《关于外国船舶和飞机航行和通过马尔代夫共和国上空、领水和经济区法》）应予废止。

附件 1 马尔代夫的群岛的基准点

序号	点编号	经度	纬度
1	B1	72°47'45″E	07°03'54″N
2	B2	72°48'07″E	07°04'35″N
3	B3	72°48'21″E	07°04'47″N
4	B4	72°50'34″E	07°05'44″N
5	B5	72°53'50″E	07°06'35″N
6	B6	72°54'13″E	07°06'35″N
7	B7	73°12'46″E	06°58'07″N
8	B8	73°13'14″E	06°57'37″N
9	B9	73°13'53″E	06°55'31″N
10	B10	73°38'20″E	05°23'20″N
11	B11	73°39'31″E	05°22'05″N
12	B12	73°43'21″E	04°27'28″N
13	B13	73°46'13″E	03°27'27″N
14	B14	73°35'10″E	02°08'04″N
15	B15	73°35'18″E	00°25'51″N
16	B16	73°26'37″E	00°18'25″N
17	B17	73°13'07″E	00°39'45″S
18	B18	73°11'12″E	00°41'30″S
19	B19	73°10'02″E	00°42'22″S
20	B20	73°09'08″E	00°42'24″S
21	B21	73°08'40″E	00°42'11″S
22	B22	73°07'30″E	00°41'13″S
23	B23	73°06'52″E	00°40'23″S
24	B24	73°06'23″E	00°39'18″S
25	B25	73°04'33″E	00°35'33″S
26	B26	73°00'08″E	00°23'55″N
27	B27	73°59'09″E	00°29'21″N
28	B28	72°59'38″E	00°32'22″N
29	B29	72°53'05″E	02°25'09″N
30	B30	72°49'14″E	02°47'50″N
31	B31	72°41'49″E	03°37'38″N
32	B32	72°41'49″E	03°47'09″N
33	B33	72°42'03″E	03°52'15″N
34	B34	72°42'11″E	04°01'50″N
35	B35	72°42'36″E	04°05'13″N
36	B36	72°44'14″E	04°13'46″N
37	B37	72°33'19″E	06°14'12″N

附件 2　《联合国海洋法公约》相关条款

第四十七条　群岛基线

1. 群岛国可划定连接群岛最外缘各岛和各干礁的最外缘各点的直线群岛基线，但这种基线应包括主要的岛屿和一个区域。在该区域内，水域面积和包括环礁在内的陆地面积的比例应在一比一至九比一之间。

2. 这种基线的长度不应超过 100 海里，但围绕任何群岛的基线总数中至多 3% 可超过该长度，最长以 125 海里为限。

3. 这种基线的划定不应在任何明显的程度上偏离群岛的一般轮廓。

4. 除在低潮高地上筑有永久高于海平面的灯塔或类似设施，或者低潮高地全部或一部分与最近的岛屿的距离不超过领海的宽度外，这种基线的划定不应以低潮高地为起讫点。

5. 群岛国不应采用一种基线制度，致使另一国的领海同公海或专属经济区隔断。

6. 如果群岛国的群岛水域的一部分位于一个直接相邻国家的两个部分之间，该邻国传统上在该水域内行使的现有权利和一切其他合法利益以及两国间协定所规定的一切权利，均应继续，并予以尊重。

7. 为计算本条第 1 款规定的水域与陆地的比例的目的，陆地面积可包括位于岛屿和环礁的岸礁以内的水域，其中包括位于陡侧海台周围的一系列灰岩岛和干礁所包围或几乎包围的海台的那一部分。

8. 按照本条划定的基线，应在足以确定这些线的位置的一种或几种比例尺的海图上标出。或者，可以用列出各点的地理坐标并注明大地基准点的表来代替。

9. 群岛国应将这种海图或地理坐标表妥为公布，并应将各该海图或坐标表的一份副本交存于联合国秘书长处。

附件3 马尔代夫直线基线

段编号	段长（海里）	段编号	段长（海里）
1–2	0.8	19–20	0.9
2–3	0.3	20–21	0.5
3–4	2.3	21–22	1.5
4–5	3.6	22–23	1.0
5–6	0.2	23–24	1.2
6–7	20.3	24–25	4.2
7–8	0.7	25–26	59.3
8–9	1.1	26–27	5.5
9–10	98.1	27–28	30
10–11	1.3	28–29	112.4
11–12	54.5	29–30	22.9
12–13	59.8	30–31	50.1
13–14	79.8	31–32	9.5
14–15	101.7	32–33	5.1
15–16	11.4	33–34	9.5
16–17	59.4	34–35	3.4
17–18	2.6	35–36	8.7
18–19	1.4	36–37	120.3
		37–1	51.5

缅 甸
Myanmar

（英文文本截止于 2010 年 1 月 5 日）

领海和海洋区域法

（1977 年 4 月 9 日人民议会第 3 号法令）

第一章　名称和定义

第一条

本法可称为《领海和海洋区域法》。

第二条

本法中下列词语含义如下：

（1）“缅甸”是指缅甸联邦社会主义共和国。

（2）“内阁”是指缅甸内阁。

（3）“基线”是指本法附件中确定的基线。

第二章　领　海

第三条

缅甸的领海自基线向海一面延伸 12 海里。

第四条

缅甸的主权及于领海及其海床、底土和领海上空。

第五条

受本法条款限制，所有国家的船舶享有无害通过领海的权利，但军舰除外。通过只要不损害缅甸的和平、良好秩序或安全，就是无害的。

第六条

在通过领海期间：

（1）外国船只应遵守缅甸现行法律和规章。

（2）外国渔船应将其捕鱼工具和装备放置在保证海洋安全的位置。该渔船应沿最短路线横穿领海，除因不可抗力不得停船和下锚。

（3）未经内阁事先明确许可，外国船只不得进行任何研究活动。

第五条

在行使无害通过权时，经缅甸主管机关要求，外国船只应提供无害通过的证据。

第六条

如果内阁认为因保障缅甸的和平、良好秩序和安全而有必要暂停无害通过，可以在领海的特定区域暂时停止外国船舶的无害通过。

第七条

1. 未经内阁事先明确许可，外国军舰不得通过领海。

2. 未经内阁事先明确许可，进入领海的外国军舰应被要求立即离开该海域。

3. 通过领海时，外国潜水艇和其他潜水器，须在海面上航行并展示其旗帜。

第三章 毗 连 区

第八条

缅甸的毗连区是领海之外并邻接领海，自基线起延伸 24 海里的一带海域。

第九条

缅甸认为必要时，可在毗连区进行下列管理：

（1）保卫缅甸的安全。

（2）防止并处罚违反其领土或领海的税收、财政、移民或卫生法规的行为。

第四章　大 陆 架

第十二条

缅甸的大陆架包括其领海以外依其陆地领土的全部自然延伸，扩展到大陆边外缘的海底区域的海床和底土，或者当从测算领海宽度的基线量起到大陆边外缘的距离不到 200 海里时，则扩展到 200 海里的距离。

第十三条

缅甸在其大陆架行使专属主权权利。

第十四条

在不妨害本法第十三条一般规定的情形下，缅甸在大陆架有：

（1）为勘探、开发、养护和管理自然资源（不论生物或非生物资源）之目的的主权权利。

（2）为勘探和开发自然资源（不论生物或非生物资源）、船只的便利或其他任何目的之必要，建造、维持和操作人工岛屿、岸外设施、设备和其他结构或装置的专属权利和管辖权。

（3）准许、规定和管理科学研究的专属管辖权。

（4）保护和保全海洋环境和防止和控制海洋污染的专属管辖权。

（5）国际法通常认可的其他权利。

第十五条

1. 大陆架的自然资源包括属于定居种的植物和动物，即在可捕捞阶段海床上或海床下不能移动或其躯体须与海床或底土保持接触才能移动的生物。

2. 如果内阁认为某种海洋生物是大陆架自然生物资源的一部分，可以以政府公报通知的形式宣布该生物为大陆架自然生物资源的一部分。

第十六条

未经内阁事先明确许可，任何人不得在大陆架进行下列任何活动：

（1）勘探；

（2）开发自然资源，不论生物或非生物资源；

（3）研究；

（4）考察、挖掘或钻探；或者

（5）建造、维持或操作任何人工岛屿、岸外设施、设备和其他结构或装置。

第五章　专属经济区

第十七条

缅甸的专属经济区是领海以外并邻接领海，自基线起延伸200海里的一带海域。

第十八条

缅甸在专属经济区享有：

（1）以勘探和开发、养护和管理区域内自然资源（不论为生物或非生物资源）为目的的主权权利以及利用海水和风力生产能的主权权利。

（2）为勘探和开发自然资源（不论生物或非生物资源）、船只的便利或其他任何目的之必要，建造、维持和操作人工岛屿、岸外设施、设备和其他构造或装置的专属权利和管辖权。

（3）准许、规定和管理科学研究的专属管辖权。

（4）保护和保全海洋环境、防止和控制海洋污染的专属管辖权。

（5）国际法通常认可的其他权利。

第十九条

受缅甸行使权利的限制：

（1）任何国家的船只在专属经济区享有自由航行的权利。

（2）任何国家的飞机在专属经济区上空享有自由飞越的权利。

第二十条

未经内阁事先明确许可，任何人不得在专属经济区进行与勘探、开发或研究有关的活动。

本条不适用于依法进行捕鱼的缅甸公民。

第六章　违法和处罚

第二十一条

任何违反、试图违反或教唆他人违反本法和其他依照本法制定的规章的任何条款的人,应处以10年以下监禁或罚款,或二者并罚。

本条不妨碍依照其他现行法律进行活动的权利。

第二十二条

除军舰以外,因违反本法条款而受到第二十一条规定的处罚的任何船只,应予没收,包括其装备和器械以及船上载有的任何物品。

第二十三条

非经内阁批准不得依照本法提起诉讼。

第七章　其他规定

第二十四条

为有效实施本法条款之目的,内阁可以公布必要的规章、议事程序、命令、指令和诉讼程序。

第二十五条

本法规定不影响缅甸对在其领海、毗连区、大陆架或专属经济区内犯罪的罪犯行使紧追权。

附　件

为本法之目的,经缅甸官方承认的大比例尺海图标示的低水位线是测量缅甸领海、毗连区、大陆架和专属经济区宽度的基线。

如果由于缅甸海岸的地理条件或沿海地区的经济需求,联结大陆、岛屿或礁石上的固定点划定的直线基线作为上述测量的基线。划定直线基线的固定点在下表中详细指出:

1. 阿拉干海岸(Arakan coast)

(a)Mayu Island 的南端	北纬 20°11′49″	东经 92°32′19″
(b)Borong Point	北纬 19°48′30″	东经 93°01′42″
(c)South Terribies	北纬 19°22′56″	东经 93°16′20″
(d)Henry Rocks 的西端	北纬 18°51′48″	东经 93°26′15″
(e)Nerbudda Island 的西端	北纬 18°20′50″	东经 93°56′25″
(f)St.John's 或 Church Rocks	北纬 17°27′39″	东经 94°19′46″
(g)North–West Group	北纬 16°55′28″	东经 94°12′45″
(h)Koronge Island	北纬 16°31′20″	东经 94°14′21″
(i)South Rocks	北纬 16°18′55″	东经 94°11′20″
(j)Black Rocks	北纬 16°11′50″	东经 94°10′50″
(k)Alguad Reef(Pathein Light)	北纬 15°42′13″	东经 94°12′06″

2. 马达班湾(Gulf of Martaban)

(a)Alguad Reef(Pathein Light)	北纬 15°42′13″	东经 94°12′06″
(b)Long Island 的西端	北纬 14°24′15″	东经 97°46′02″

3.Tenasserim 海岸

(a)Long Island 的西端	北纬 14°24′15″	东经 97°46′02″
(b)North Island	北纬 14°09′00″	东经 97°46′54″
(c)West Canister Island	北纬 12°41′30″	东经 97°43′40″
(d)Saurim Island 的北端	北纬 12°30′30″	东经 97°47′42″
(e)H.Princep Island 的西端	北纬 12°03′03″	东经 97°38′00″
(f)Great Western Torres	北纬 11°47′15″	东经 97°26′15″
(g)North Twin 的西北端	北纬 10°38′15″	东经 97°41′45″
(h)South Twin 的西端	北纬 10°28′12″	东经 97°40′45″
(i)Western Rocks Island	北纬 09°51′24″	东经 97°52′18″
(j)Haycock Island	北纬 09°40′45″	东经 97°54′30″
(k)Murray Island 的西端	北纬 09°35′54″	东经 97°58′12″

阿　曼
Oman

（英文文本截止于 2010 年 9 月 9 日）

领海、大陆架和专属经济区皇家法令
（1981 年 2 月 10 日）

领　海

第一条

阿曼苏丹国对其领海、领海上空及其海床和底土行使完全的主权，并与他国船舶和飞机通过国际海峡的无害通过原则和阿曼其他相关法律和规章保持一致。

第二条

阿曼的领海向海一侧延伸 12 海里，根据下列标准和规则测量：

（1）领海的外部界限是其上各点到基线的最近各点的距离为 12 海里的一条线。

（2）除本法另有规定，测算领海宽度的正常基线是陆地或岛屿沿岸或礁石的低潮线。

（3）阿曼苏丹国政府将颁布一项指令以确定直线基线制度的应用，并根据以上制度确定阿曼苏丹国任何沿海地区的基线，以及与海湾内或岛屿和大陆海岸之间的封闭水域有关的线。此处提及的任何线应被认为是基线。若有必要，阿曼苏丹国政府可以修正或废止任何将根据本条款公布的任何规定。

内　水

第三条

阿曼苏丹国内水包括领海基线向陆一侧的水域。适用于港口、泊船处和海湾的阿曼法律本身也适用于阿曼内水。

专属经济区

第四条

阿曼苏丹国在专属经济区享有勘探、开发和开采生物或非生物自然资源的主权权利。

第五条

专属经济区自测算领海宽度的基线起算向海延伸 200 海里。

大 陆 架

第六条

阿曼苏丹国为勘探和开发自然资源的目的享有对大陆架的主权权利。

第七条

阿曼苏丹国将发布划定其大陆架范围的声明。

其 他 规 定

第八条

若其他国家与阿曼苏丹国的海岸相邻或相向，领海、专属经济区和大陆架的外部界限应当是（被测量至）中间线，（即）其上各点到测算阿曼苏丹国领海的与其他国家领海的各自的基线上最近各点的距离相等。

第九条

领海、专属经济区和大陆架的精确界线应由阿曼苏丹国政府根据地图、海图和大地测量数据加以确定。

第十条

1972 年 7 月 20 日关于领海、大陆架和专属渔业区域的皇家法令及所有与 1977 年 6 月 15 日第 44/77 号皇家法令的条款以及其他与现行法令抵触的条款被废止。

第十一条

本法令应在政府公报上加以公布,并自颁布之日起生效。

1982 年 6 月 1 日公告（94）（1）

我, Yousuf AL Alawi Abdullah, 国家外交部部长,

根据关于领海和专属经济区的第 15/81 号皇家法令和关于确定领海、内水和封闭水域基线的直线基线制度的应用的第 38/82 号皇家法令,

在此发布以下公告:

第一条

根据第 15/81 号皇家法令第二条 “c” 段,阿曼苏丹国任何地区的直线基线和海湾内或岛屿和大陆海岸之间的封闭水域的基线的确定应在以下基础上确定:

(1)下列经度和纬度坐标应确定划定阿曼苏丹国直线基线的点的位置。

(2)连接上段所指经度和纬度坐标之间的点的直线基线应决定第 15/81 号皇家法令规定的直线基线。

(3)该经度和纬度坐标也应是划定阿曼内水和封闭水域的基点。

坐标点

点	北纬	东经
"A"组		
1.	26°03′04.703″	56°05′01.869″
2.	26°04′04″	56°05′22″
3.	26°13′30″	56°10′52″
4.	26°14′28″	56°11′34″
5.	26°15′08″	56°12′19″
6.	26°22′29″	56°21′02″
7.	26°30′19″	56°30′34″
8.	26°29′50″	56°31′37″
9.	26°29′11″	56°32′14″
10.	26°21′59″	56°32′13″
11.	26°10′32″	56°32′58″
12.	26°05′02″	56°28′34″
13.	25°56′30″	56°28′17″
14.	25°48′32″	56°22′02″
15.	25°45′10″	56°19′55″
16.	25°37′32.345″	56°16′03.950″
"B"组		
17.	23°46′40″	57°41′38″
18.	23°47′00″	57°46′00″
19.	23°50′28″	57°57′38″
20.	23°51′26″	58°03′41″

21.	23°52′00″	58°06′00″
22.	23°52′06″	58°07′09″
23.	23°50′28″	58°10′33″
24.	23°40′55″	58°29′50″
25.	23°37′38″	58°35′29″
26.	23°31′18″	58°45′09″

“C”组

27.	20°57′18″	58°49′00″
28.	20°41′29″	58°54′38″
29.	20°41′08″	58°54′47″
30.	20°30′12″	58°58′39″
31.	20°30′00″	58°57′18″
32.	20°16′29″	58°46′41″
33.	20°12′44″	58°43′20″
34.	20°10′36″	58°39′22″
35.	20°09′18″	58°38′18″
36.	20°20′30″	58°19′30″
37.	20°19′12″	57°59′00″

“D”组

38.	17°55′02″	56°20′29″
39.	17°30′17″	56°24′02″
40.	17°29′42″	56°02′33″
41.	17°29′12″	55°51′48″
42.	17°27′57″	55°35′03″
43.	17°24′00″	55°17′02″

巴 基 斯 坦
Pakistan

（英文文本截止于 2009 年 5 月 22 日）

1976 年领水及海洋区域法案

（1976 年 12 月 22 日）

第一条 简称及生效

1. 本法可称为《1976 年领水及海洋区域法》。

2. 本法应立即生效。

第二条 领水

1. 巴基斯坦主权及于并一贯及于巴基斯坦领水（以下简称“领水”）及领水的上空、海床和底土。

2. 领水界限为巴基斯坦陆地领土和内水以外从基线量起 12 海里。

3. 测算上述界限的基线和构成巴基斯坦内水部分的基线向陆一侧的水域，应由联邦政府在政府公报上以公告规定。

4. 如果主要海岸外有构成巴基斯坦领土组成部分的单一岛屿、礁石或其群体，本条第 3 款所述基线应沿该岛屿、礁石或群体向海的外部界限划定。

第三条 外国船舶对领水的使用

1. 在不损害任何其他现行法律规定的情况下和在本条第 2 款及第 3 款规定的限制下，一切外国船舶均享有无害通过领水的权利。

说明:为本条的目的,通过只要不损害巴基斯坦的和平、良好秩序或安全,即属无害。

2. 外国军舰包括潜水艇和其他潜水器在内以及外国军用飞机,经联邦政府事先许可后,得进入或通过领水及其上空,但潜水艇和其他潜水器在通过领水时应在海面航行并展示其旗帜。

3. 外国的超级油轮、核动力船舶和载运核物质或材料或其他本质上危险或有毒物质或材料的船舶,经事先通知联邦政府后可以驶入或通过领水。

4. 联邦政府如果认为系巴基斯坦和平、良好秩序或安全或其中任何部分的利益所需要,得在政府公报上以公告并根据该公告可能规定的任何除外和条件,停止各种外国船舶驶入公告指定的领水区域。

第四条 毗连区

1. 巴基斯坦毗连区(以下简称"毗连区")为邻接领水并在领水以外的水域,其界限为从第二条第 3 款所宣布的基线量起向海延伸到 24 海里的线。

2. 联邦政府在毗连区或对毗连区行使其认为必要的权力和采取其认为必要的措施,以防止和惩处违反和企图违反有关下列事项的巴基斯坦任何现行法律:

(1)有关巴基斯坦的安全;

(2)有关移民和卫生;

(3)有关海关和其他财政事项。

3. 联邦政府得在政府公报上通过公告:

(1)将关于本条第 2 款(1)项、(2)项或(3)项所述任何事项的巴基斯坦任何现行法律或其中任何部分、公告可能规定的任何修正案,扩大适用于毗连区。

(2)制定为便利执行上述法律而认为必要的规定。凡这样扩大适用的法律对毗连区的效力,应视同毗连区系巴基斯坦领土的组成部分。

第五条 大陆架

1. 巴基斯坦的大陆架(以下简称"大陆架")包括巴基斯坦领水以外依巴基斯坦陆地领土的自然延伸,扩展到大陆边外缘的海床和底土。如果从本法第二条第 3 款规定的基线量起的距离不到 200 海里,则扩展到 200 海里的距离。

2. 巴基斯坦对其大陆架拥有并一直拥有完全的和排他的主权权利,包括:

(1)为勘探、开发、开采、养护和管理所有自然资源,包括生物资源和非生物资源的专属主权权利；

（2）授权、规范和控制科学研究的专属权利和管辖权；

（3）为勘探和开发大陆架资源及方便航行或其他任何目的，对建造、维护或使用人工岛屿、岸外码头、设施和其他结构和装置的专属权利和管辖权；以及

（4）养护和保护海洋环境防止和控制海洋污染的专属管辖权。

3. 任何人，包括外国政府，除非有与联邦政府的协议或联邦政府的授权，不得勘探或开发大陆架或其资源，或在大陆架上从事任何寻找、挖掘或任何研究活动；或为任何目的的钻探、建设、保存或操作人工岛屿、岸外码头、设施或其他结构和装置。

4. 联邦政府得通过政府公报：

（1）宣布大陆架及其上覆水域的任何区域为指定区域；以及

（2）必要时就下列全部或任何事项作出规定：

①勘探、开发、开采以及养护该区域内大陆架的资源；

②该区域内人工岛屿、岸外码头、设施和其他结构和装置的安全和保护；

③保护该区域内的海洋环境；

④有关该区域内海关及财政事项；

⑤通过建立不与巴基斯坦利益相违背的航道、海道和分道通航制或其他确保航行自由的形式，规范指定区域内外国船舶的进入和通过。

5. 联邦政府得通过政府公报公布：

（1）将目前巴基斯坦或其任何部分有效的法律或其任何部分延伸至大陆架，如有修改可在公布中说明；

（2）必要时为此种法律的实施制定条款。

任何延伸适用于大陆架的法律如同适用于巴基斯坦的领土组成部分。

6. 为保护巴基斯坦利益而采取的任何必要措施，在不违反本条第 2 款的情况下，联邦政府不得妨碍外国国家在大陆架的海床铺设或维持海底电缆或管道；

铺设这种电缆或管道的路线划定须经联邦政府同意；

…………

第六条 专属经济区

1. 巴基斯坦的专属经济区（以下简称“专属经济区”），是领海以外并邻接领海的一个区域，从本法第三条第 2 款规定的基线量起延伸到 200 海里。

2. 巴基斯坦在专属经济区的海床、底土及其上覆水域，享有：

（1）以勘探和开发、养护和管理全部资源，包括生物资源和非生物资源，以及利用潮汐、风力、海流和太阳能生产能为目的的主权权利；

（2）为勘探和开发专属经济区的资源及方便航行或其他任何目的，对建造、维护或使用人工岛屿、岸外码头、设施和其他结构和装置的专属权利和管辖权；

（3）授权、规范和控制科学研究的专属权利和管辖权；

（4）养护和保护海洋环境防止和控制海洋污染的专属管辖权；

（5）国际法承认的其他权利。

3. 任何人，包括外国政府，除非有与联邦政府的协议或联邦政府的授权或许可，不得勘探或开发专属经济区或其资源，或在专属经济区从事任何寻找、挖掘或任何研究活动；或为一切目的钻探、建设、维护或操作人工岛屿、岸外码头、设施或其他结构和装置。

有关专属经济区内的捕鱼由《1975 年专属渔区（渔业规章）法令》（1975 年第 22 号）规定。

4. 联邦政府得通过政府公报：

（1）宣布专属经济区的任何区域为指定区域；以及

（2）必要时就下列全部或任何事项作出规定：

①勘探、开发、开采以及养护该区域内的资源；

②在该区域内从事经济性开发和勘探，如海流、风力生产能、潮汐和太阳能；

③保护和保全该区域内的人工岛屿、岸外码头、结构、设施和装置；

④该区域内海关及财政事项；

⑤通过建立不违背巴基斯坦利益的航道、海道和分道通航制或其他确保航行自由的行使，规范指定区域内外国船舶的进入和通过。

5. 联邦政府得在政府公报公布：

（1）将目前巴基斯坦或其任何部分有效的法律或其任何部分扩大适用于

专属经济区，如有修改可在公布中说明；

（2）必要时为此种法律的实施制定条款，任何扩大适用于专属经济区的法律应有效，如同适用于巴基斯坦的领土组成部分。

6. 第六条第5款关于在大陆架海底铺设或维持海底电缆和管道的规定，将适用于在专属经济区铺设或维护海底电缆和管道。

7. 在专属经济区及其上空，所有国家的船舶和飞机在不影响巴基斯坦在该区内行使其权利的情况下，享有航行和飞越的自由。

…………

第七条 历史性水域

1. 联邦政府得在政府公报上公布邻接其陆地领土的一定范围的水域为巴基斯坦的历史性水域。

2. 巴基斯坦主权及于并一贯及于巴基斯坦历史性水域及其海床、底土和上空。

第八条 巴基斯坦与海岸相邻或相向国家间的海洋界限

1. 尽管有本法任何其他条款的规定，若：

（1）巴基斯坦同任何与其海岸相邻或相向国家间的领水界限，应根据巴基斯坦与该国间的协定划定。在达成此种协议之前，除非巴基斯坦同该国之间达成了任何其他临时安排，两国间的领水界限不得超过一条其各点均同测算巴基斯坦领水宽度的基线和该国领水宽度的基线距离相等的线；

（2）巴基斯坦与任何与其海岸相邻或相向国家间毗连区、大陆架、专属经济区和其他海域的界限，应根据公平原则并参照一切有关情况通过协定划定。在达成该种协定或在解决之前，巴基斯坦和该国应考虑到划定毗连区、大陆架、专属经济区和其他海域界限的上述原则，做出临时安排。

2. 凡本条第1款（1）项和（2）项所述协定，均应于签定后即在政府公报上公布。

第九条 海图公布

联邦政府得在海图上公布本法第二条第3款所述之基线、领水、毗连区、大陆架和专属经济区的界限，以及第八条所述协定确定的海洋界限。

第十条 违法

凡违反本法或依本法制定或颁布的任何规则或公告者，在不影响根据本法或任何其他法律的规定对其提起任何其他诉讼的情况下,应处 3 年以下的监禁或罚款,或二者并处。

第十一条 公司违法

1. 如果公司犯有本法第十条规定的应予惩处的违法行为,凡在犯法时负责处理公司业务的人和公司负责人以及公司本身均应视为犯法,并应依法予以追究和处罚。但如果任何上述人员证明其对该项犯罪完全不知情或已克尽职守防止该项犯罪,则不得援用本款的任何规定予以本法规定的任何处罚。

2. 不论本条第 1 款有任何规定,如果公司犯有根据本法第十条应予惩处的违法行为,而经证明犯罪系经公司的任何董事、经理、秘书或其他负责人员的同意或默许,或因该人员的任何玩忽职守所致,则该董事、经理、秘书或其他负责人员亦应视为犯法,并应依法予以追究和处罚。

说明:为本条之目的:

(1)"公司" 系指任何法人,并包括事务所或其他由个人组合的团体;以及

(2)"董事",就事务所而言,系指合伙人。

第十二条 审判地点

凡犯有依本法第十条或依本法扩大适用的任何法律规定的应予惩处的违法行为者,均在联邦政府政府公报上公布的一般或特殊命令指定的地点对其违法行为进行审判。

第十三条 联邦政府对起诉的事先批准

未经联邦政府或其以书面命令授权的官员或当局的事先批准,不得对任何人因依本法第十条或依本法扩大适用的任何法律规定的应予惩处的任何违法行为进行起诉。

第十四条 制定规则的权力

1. 联邦政府得在政府公报上的公告中为实施本法的目的制定规则。

2. 在不损害有关上述权力的一般原则的情况下,此种规则得特别对下列事项或其中任何事项作出规定:

(1)规定任何人员在巴基斯坦领水、毗连区、大陆架、专属经济区和其他海域的行为;

(2)规定大陆架资源的勘探、开发、开采、养护和管理;

(3)规定专属经济区资源的勘探、开发、开采、养护和管理;

（4）规定本法第五条和第六条所述人工岛屿、岸外码头、设施和其他结构及装置的建造、维护和操作；

（5）保全和保护海洋环境以及防止和控制海洋污染；

（6）批准、规定和管理科学研究的进行；

（7）本法第五条第3款和第六条第3款所述执照和许可证的收费或任何其他费用；或者

（8）本条第（1）项至第（7）项所述任何事项附带产生的各种事项。

测算领水、毗连区和专属经济区界限的基线

（1996年8月29日公告）

第二部分　巴基斯坦政府外交部公告

在行使1976年《领水及海洋区域法案》第二条第（3）款授予的权力时，联邦政府可以确定下列基线，即测算领水、毗连区和专属经济区界限的基线。

（1）25°02.20 N　61°35.50 E

（2）25°00.95 N　61°46.80 E

（3）25°05.30 N　62°21.00 E

（4）25°06.30 N　63°51.01 E

（5）25°09.00 N　64°35.20 E

（6）25°18.20 N　65°11.60 E

（7）24°49.45 N　66°40.00 E

（8）23°52.80 N　67°26.80 E

（9）23°47.30 N　67°35.90 E

（10）23°33.90 N　68°07.80 E

上述直线基线之内的水域为巴基斯坦的内水。

菲律宾
Philppines

（英文文本截止于2010年9月15日）

确定领海基线

（第3046号法令，1961年6月17日）

鉴于，菲律宾宪法将国家领土的组成描述为：所有根据美国与西班牙于1898年12月10日达成的《巴黎条约》割让给美国的领土，其界限规定在该条约第三条以及1900年11月7日美国与西班牙在华盛顿达成的条约所包含的所有岛屿，1930年1月2日美国与英国之间达成的条约，菲律宾群岛政府在通过宪法时行使管辖权的所有领土。

鉴于，上述条约限制范围内的所有水域一贯被认为是菲律宾群岛领土的组成部分。

鉴于，环绕以及连接菲律宾群岛不同岛屿之间的所有水域，不论其宽度或大小，一直被视为陆地领土的必要部分，形成了菲律宾内陆或内水的组成部分。

鉴于，群岛最外部岛屿外缘、前述条约确定的界限内的水域构成菲律宾的领海。

鉴于，确定菲律宾领海的基线由连接群岛中最外部岛屿上适当的点的直线组成。

鉴于,就所有相关内容而言,上述基线应当被明确地阐明、定义和描述。

第一条

(参见下文第 5446 号法案)

第二条

第一条所提到的所有基线内的水域为菲律宾的内陆或内水。

宣布对菲律宾大陆架上的所有矿物和其他自然资源主张管辖权和控制权

(第 370 号总统法案,1968 年 3 月 20 日)

现在,我,Ferdinand E. Marcos,作为菲律宾的总统在此宣布:邻接菲律宾但在领海之外,其上覆水域的深度允许对资源进行开发的大陆架海床和底土上的所有矿物和其他自然资源,包括属于定居物种的有机生物体,属于菲律宾并且菲律宾对其享有排他性管辖权和以勘探和开发为目的的管理权。在与邻近国家共有大陆架的情况下,界限应由菲律宾和该国家根据法律的和公平的原则决定。这些海底区域上覆水域的作为公海的性质以及这些水域上空的性质不受这一声明的影响。

共和国第 346 号法案第一部分修正案菲律宾领海基线界定法案

(共和国第 5446 号法案,1968 年 9 月 18 日)

第一条

为纠正印刷上的错误,共和国第 346 号法案修正如下:

第一条 菲律宾领海基线因此特别定义并描述如下:

…………

第二条

本法案关于菲律宾领海基线的定义，对位于北婆罗州（Borneo）北部的，菲律宾共和国已获得统治权和主权的沙巴州（Sabah）的领土周围的领海基线不构成影响。

共和国宪法

（1973 年 1 月 17 日起生效）

第一条

国家领土的组成为：菲律宾群岛及其所包含的所有岛屿和水域；所有其他基于历史性权利或法律所有权归属于菲律宾的领土，包括领海、领空、底土、海底、岛架及其他菲律宾对其享有主权或管辖权的水下区域；所有环绕以及连接菲律宾岛屿之间的水域，不论其宽度或大小，构成菲律宾内水的组成部分。

设立专属经济区及其他事项

（第 1599 号总统令，1978 年 6 月 11 日）

第一条

兹设立称为菲律宾专属经济区的区域。该专属经济区应从测算领海宽度的基线量起，向外延伸至 200 海里的距离。如按此测定的该区域的外部界限与毗连或相邻的国家的专属经济区相重叠，则共同的边界线应与有关国家协议或按照有关划界的适当公认的国际法准则予以确定。

第二条

在不妨害菲律宾共和国在其领海和大陆架的权利的情形下，它在按本法令建立的专属经济区内享有并行使下列权利：

（1）以勘探和开发、养护和管理海床和底土及其上覆水域的自然资源（不论是生物资源或非生物资源、可再生和不可再生的）为目的的主权权利，诸如利用海水、海流和风力生产能等的主权权利；

（2）对于人工岛屿、岸外码头、设施和结构的建造和使用，海洋环境的保全，包括防止和控制污染在内，以及科学研究的专属权利和管辖权；

（3）为国际法或国家实践所承认的其他权利。

第三条

除非按照与菲律宾共和国签定的任何协定，或它给予的特别许可，或经菲律宾共和国的批准，在专属经济区内任何人不得：

（1）勘探或开发任何资源；

（2）进行任何调查、发掘和钻探作业；

（3）进行任何研究；

（4）建造、维持或操作任何人工岛屿、岸外码头、设施或其他结构或装置；或者

（5）从事或进行任何违反或损害本法令规定的主权权利和管辖权的任何行为或活动。

上述规定应视为不禁止菲律宾公民，不论法人或自然人，从事任何上述活动，如果按照现行法律，这些行为是允许的。

第四条

其他国家在专属经济区内应享有航行和飞越、铺设海底电缆和管道自由及其他与航行和通讯有关的国际合法用途。

第五条

1. 总统可指定适当的政府机关或机构制定和颁布为执行本法令的目的而有必要的规章和规则。

2. 任何人违反本法或经总统批准的依本法令颁布的任何规章或规则，应由法院酌情判处2000比索以上、10万比索以下的罚款，或6个月至10年的监禁，或二者并处。船只和为此使用的其他设备或物品应予扣押和没收。

第六条

本法令自在政府公报上公布之日起30天后生效。

卡塔尔
Qatar

（英文文本截止于 2010 年 1 月 6 日）

外交部声明
（1974 年 6 月 2 日）

第一条

根据已确立的国际法原则，在不妨碍国际水域与空中航行自由的情况下，卡塔尔国对国家海岸及岛屿之外与领海毗邻的区域内的自然和海洋资源以及渔业资源享有排他的和绝对的主权。

这些区域的外部界限应当与已经达成或应当达成的双边协定相一致。如无任何特别协定，根据国际法的原则，卡塔尔国大陆延伸部分的外部界限或者其上每一点与测算卡塔尔国领海和相关国家领海的基线之间的距离相等的中间线都应当根据国际法的原则作为考虑的因素。

第二条

在上一条确定的领海内，对探测、勘探、开发、发展、捕鱼，以及为安全、控制和保护所有位于海床上、海床下或其上方的所有海洋和自然资源而建立的设施与区域，卡塔尔国享有排他性的权利。

第三条

根据此方面的规章，非经卡特尔国政府事先许可，任何非卡塔尔公民的个人或组织无权进行任何捕鱼活动,开发海洋或自然资源或者在相关区域内从事任何研究。

第四条

在本声明中确立的各种权利以及详细说明的任何行为不依赖于有效控制或观念上的占有以及明确的声明和宣告。

政府主管部门应在卡塔尔国的海图上标明本声明涉及区域的外部界限。

确定卡塔尔的领海宽度及毗连区

(1992年第40号法令,1992年4月16日)

我,哈利法·本·哈马德·阿勒萨尼(Khalifa Bin Hamad Al-Thani),卡塔尔国总统,

根据已修正的《临时宪法》,特别是第二条、第二十三条和第三十四条;

《1988年第5号税法》;

《1963年规范外国人在卡塔尔的入境和居留的第3号法律及其修正案》;

1958年4月29日由联合国海洋法会议通过的《领海与毗邻区公约》;

《有关合作保护海洋环境不受污染的科威特区域协定》以及经1978年第55号法令批准的《关于在紧急情况下治理石油和其他有害物质污染的区域合作议定书》;

经1980年第27号法令批准的卡塔尔、巴林和阿拉伯联合酋长国之间的《关于建设和维护海底电缆的协议》;

卡塔尔国参加的经1980年第84号法令批准的《1974年关于海上生命安全》的国际协定;

根据1984年10月31日第三十二次内阁常务会议发布的决议,卡塔尔于1984年11月27日签署的《1982年联合国海洋法公约》;

回历1394年5月12日,即公元1974年6月2日的外交部声明;

国防部长和内政部长的提案;以及

内阁提交的法令草案;

决定如下:

第一条

卡塔尔领海的宽度为从国际法规则确定的领海基线量起 12 海里。

第二条

按照国际法及符合他国船舶和飞机无害通过权的卡塔尔法律规定,卡塔尔对其领海、空气空间及其海床和底土享有主权。

第三条

自卡塔尔领海外部界限起 12 海里的宽度为卡塔尔的毗连区,卡塔尔对该区域行使依据国际法享有的所有权利和权力。

第四条

内阁应为执行本法之必要作出决定。

第五条

所有相关行政部门应在各自的相关领域实施本法。本法应自签发之日起生效并在政府公报上公布。

韩 国
South Korea

（英文文本截止于 2009 年 5 月 22 日）

领 海 法
（第 3037 号法律，1977 年 12 月 31 日[①]）

第一条 领海宽度

大韩民国的领海为自基线量起 12 海里的海域。但在特定海域的领海宽度也可根据总统法令，在 12 海里内有所不同。

第二条 基线

1. 测算领海宽度的正常基线为韩国官方承认的大比例尺海图上标明的沿岸的低潮线。

2. 在特殊地理情况存在的水域，连接总统法令中规定的各点的直线可视为基线。

第三条 内水

测算领海宽度的基线向陆一侧的水域为内水。

第四条 与相邻或相向国家的界限

大韩民国与相邻或相向国家之间的领海界限，除非与有关国家另有协

---

① 本译文参考了海洋国际问题研究会编：《中国海洋邻国海洋法规和协定选编》（内部），海洋出版社，1984 年版，第 14–18 页。

议,则为两国之间的中间线,该线上的各点均与测算两国各自领海宽度的基线的最近点距离相等。

第五条 外国船舶的通过

1. 外国船舶享有无害通过大韩民国领海的权利,只有这种通过不损害韩国的和平、公共秩序或安全。当外国军舰或用于非商业目的的政府船舶意欲通过韩国领海时,须遵照总统法令事先通知有关当局。

2. 外国船舶除从事有关当局授权、批准或同意的本款第(2)项、第(3)项、第(4)项、第(5)项、第(11)项和第(13)项所列任何活动外,如果在领海内从事下列任何活动,则其通过应被视为损害了韩国的和平、公共秩序和安全:

(1)对韩国的主权、领土完整或政治独立进行任何武力威胁或使用武力,或以任何其他违反《联合国宪章》所体现的国际法原则的方式进行武力威胁或使用武力;

(2)以任何种类的武器进行任何操练或演习;

(3)在船上起落或接载任何飞机;

(4)在船上发射、降落或接载任何军事装置;

(5)水下潜行;

(6)任何目的在于搜集情报使韩国的防务或安全受损害的行为;

(7)任何目的在于影响韩国防务或安全的宣传行为;

(8)违反韩国海关、财政、移民或卫生的法律和规章,上下任何商品、货币或人员;

(9)违反韩国规定的任何故意和严重的污染行为;

(10)任何捕鱼活动;

(11)进行研究或测量活动;

(12)任何目的在于干扰韩国任何通信系统或任何其他设施或设备的行为;

(13)与总统法令中规定的通过无关的任何其他活动。

3. 如为韩国安全而有必要,可以根据总统法令在领海的特定区域内暂时停止外国船舶的无害通过。

第六条 停止外国船舶航行

如果外国船舶(外国军舰或用于非商业目的的政府船舶除外,下同)涉嫌违反本法第五条的规定，有关当局可发布必要的命令或采取诸如停止航行、搜查或拿捕等必要措施。

第七条 惩罚

1. 对外国船舶上违反本法第五条第2款或第3款的船员或其他乘客，可处以5年以下监禁或2000万韩元以下的罚款，情节严重者可没收船舶、船上设备、其渔获物和其他物品。

2. 外国船舶上的船员或其他乘客，对依本法第六条所发布的命令或采取的措施拒不服从、妨碍或逃避的，可处以2年以下监禁或1000万韩元以下的罚款。

3. 在违反本条第1款和第2款的情况下，可并处监禁和罚款。

4. 适用本条款时，如本条所涉行为同时在另一法律中构成犯罪，则执行适用的相关法律中较严厉的处罚。

第八条 外国军舰和用于非商业目的的政府船舶的例外

如果外国军舰或用于非商业目的的政府船舶或其船员或船上乘客违反本法或其他有关法律或规章，可要求其纠正违反行为或离开领海。

附录

本法自公布之日起4个月内，自总统法令公布的日期生效。

执行《领海法》的法令

（总统法令颁布第9162号，1978年9月20日[①]）

第一条 目的

本法令之目的在于就《领海法》的必要执行及其所含事项制定细则。

第二条 直线基线的基点

依照《领海法》第二条第2款测算领海宽度时，采用直线作为基线的各海域及各基点，列于本法令的附录表1中。

① 本译文参考了海洋国际问题研究会编：《中国海洋邻国海洋法规和协定选编》（内部），海洋出版社，1984年版，第14–18页。

第三条 朝鲜海峡（Korea Strai）的领海延伸

依照《领海法》第一条的规定，用于国际航行的朝鲜海峡内水域的领海，系本法令附录表 2 中所列各线相连向陆一侧的水域。

第四条 外国军舰或其他政府船舶的通过

如果外国军舰或其他用于非商业目的的政府船舶欲通过领海，需依照领海法第五条第1款后半部分的规定，至少在其通过之前3天（不包括公共假日）将下列各项通知外交部长，除非上述船舶的航行水域为无公海航道的用于国际航行的海峡。

（1）船舶的名称、型号和正式号码；

（2）通过的目的；

（3）通过航线和计划。

第五条 外国船舶在领海内的活动

1. 如外国船舶拟从事《领海法》第五条第2款第（2）项至第（5）项、第（11）项或第（13）项提及的活动，需向外交部长提出申请，并获得有关当局的授权、批准或同意。申请应特别说明下列事项：

（1）船舶的名称、型号和正式号码；

（2）活动的目的；

（3）活动的海域，通过的航线与计划。

2. 有关当局依照其他法律和规章对《领海法》第五条第 2 款第（2）项至第（5）项或第（11）项所列活动给予的任何授权、批准或同意，应视为依照《领海法》获得的授权、批准或同意。

第六条 控制污染排放的标准

《领海法》第五条第 2 款第（9）项所列的控制污染排放的标准，即《防止海洋污染法》第五条和第十条第 1 款和第 2 款的规定。

第七条 暂时停止无害通过

1. 根据《领海法》第五条第 3 款在特定领海水域暂时停止外国船舶无害通过，由国防部长实施，事先需经国会审议和总统批准。

2. 国防部长依照本条第 1 款取得总统批准后，得立即公布暂时停止无害通过的水域、持续时间及理由。

附 录

表 1 使用直线作为基线的水域及基点

水 域	基 点	地理名称	坐标（北纬）	坐标（东经）
迎日湾（Yeongil Man）	1	多尔曼岬（Dalman Gab）	36°06′05″	129°26′06″
	2	长鬐岬（Janggi Gab）	36°05′19″	129°33′36″
蔚山湾（Ulsan Man）	3	华礁泻湖（Hwaam Chu）	35°28′13″	129°24′39″
	4	贝奥米奥尔岬（Beomseol Gab）	35°25′45″	129°22′16″
南海（South Sea）	5	1.5 米岩（1.5 Meter Am）	35°09′59″	129°13′12″
	6	萨恩岛（南端）（Saeng Do）（south end）	35°02′01″	129°05′43″
	7	鸿岛（Hong Do）	34°31′52″	128°44′11″
	8	甘约礁（Ganyeo Am）	34°17′04″	127°51′25″
	9	上白岛（Sangbaeg Do）	34°01′38″	127°36′48″
	10	巨文岛（Geomun Do）	34°00′00″	127°19′35″
	11	丽瑞岛（Yeoseo Do）	33°57′56″	126°55′39″
	12	獐水岛（Jangsu Do）	33°54′55″	126°38′25″
	13	下秋子岛（Jeolmyeong Seo）	33°51′54″	126°18′54″
	14	小黑山岛（Soheugsan Do）	34°02′40″	125°07′34″

续 表

水 域	基 点	地理名称	坐标(北纬)	坐标(东经)
西海(West Sea)	15	小局屹岛(小黑山岛西北)(Sogugheul Do)(Northwest of Soheugsan Do)	34°06′51″	125°04′42″
	16	红岛(Hong Do)	34°40′18″	125°10′25″
	17	戈屿(红岛西北)(Go Seo)(Northwest of Hong Do)	34°43′03″	125°11′25″
	18	横岛(Hoeng Do)	35°20′03″	125°59′14″
	19	上旺嶝岛(Sangwang-deung Do)	35°39′30″	126°06′16″
	20	稷岛(Jig Do)	35°53′10″	126°04′15″
	21	於青岛(Eocheong Do)	36°07′05″	125°58′11″
	22	小格列飞岛(Seogyeogyeolbi Do)	36°36′36″	125°32′30″
	23	少阳岛(Soryeong Do)	36°58′38″	125°45′02″

表 2:略。

专属经济区法

(第 5151 号法律,1996 年 8 月 8 日颁布)

第一条　专属经济区的建立

根据《联合国海洋法公约》(以下称作“公约”),大韩民国特制定本法,建立专属经济区。

第二条　专属经济区的宽度

1. 根据公约的规定,大韩民国的专属经济区为:从《领海及毗连区法》第二条所规定的基线测量起,延伸至 200 海里,不包括领海的水域。

2. 除前款规定以外，大韩民国与其他海岸相向或相邻国家（以下称作“相关国”）的专属经济区划界，应在国际法基础上，由相关国家通过协商划定。

第三条 大韩民国在专属经济区的权利

大韩民国在专属经济区内，享有：

（1）以勘探和开发、养护和管理海床上覆水域和海床及其底土的自然资源（捕捞为生物或非生物资源）为目的的主权权利，以及关于在该区内从事经济性开发和勘探，如利用海水、海流和风力生产能等其他活动的主权权利。

（2）公约规定的下列事项管辖权：

（a）人工岛屿、设施和结构的建造和使用；

（b）海洋科学研究；

（c）海洋环境的保护和保全。

（3）公约规定的其他权利。

第四条 其他国家或其国民的权利与义务

1. 根据公约的相关规定，其他国家或其国民在大韩民国专属经济区内，享有航行和飞越自由，铺设海底电缆和管道的自由，以及与这些自由有关的海洋其他国际合法用途。

2. 其他国家及其国民在大韩民国专属经济区内行使权利或履行义务时，应适当顾及大韩民国的权利和义务，并遵守大韩民国的法律和法规。

第五条 大韩民国的权利行使

1. 为行使或保护本法第三条规定的权利的目的，除非与其他国家另有协定，大韩民国的法律和规章适用于其专属经济区。大韩民国的法律和规章还适用于本法第三条第（2）款（a）中的人工岛屿、设施和结构。

2. 本法第三条规定的大韩民国在其专属经济区享有的权利，除大韩民国与相关国家另有协定外，不适用于超过大韩民国与相关国家中间线的水域。该中间线为其每一点距两国领海基线距离相等的一条线。

3. 倘有侵犯本法第三条规定之大韩民国的专属经济区权利，或者涉嫌违反专属经济区法律和规章者，有关当局可对其采取必要措施，包括实施公约第 111 条规定的紧追权，以及停止、登临、检查、逮捕和司法程序。

附录

本法在颁布之日起一年内,自总统法令公布的日期生效。

关于《专属经济区法》实施日期的规定

（第 15145 号总统令，1996 年 9 月 4 日）

附录

本法自 1996 年 9 月 10 日起生效。

修正 1977 年 12 月 31 日第 3037 号法律《领海法》

（第 4986 号法律,1995 年 12 月 6 日颁布）

第一条　领海宽度

大韩民国的领海为自基线量起 12 海里的海域。但在特定海域的领海宽度也可根据总统法令,在 12 海里内有所不同。

第二条　基线

1. 测算领海宽度的正常基线为韩国官方承认的大比例尺海图上标明的沿岸的低潮线。

2. 在特殊地理情况存在的水域,连接总统法令中规定的各点的直线可视为基线。

第三条　内水

测算领海宽度的基线向陆一侧的水域为内水。

第三条(增补)　毗连区宽度

大韩民国的毗连区为领海以外的海域,从基线测量起延伸至其外部界线为 24 海里。但在特定海域的毗连区宽度也可根据总统法令,在 24 海里内有所不同。（由 1995 年 12 月 6 日第 4986 号法律新近颁布。）

第四条 与相邻或相向国家的界限

大韩民国与相邻或相向国家之间领海及毗连区的界限,除非与有关国家另有协议,则为两国之间的中间线。该线上的各点均与测算两国各自领海宽度的基线的最近点距离相等。(经 1995 年 12 月 6 日第 4986 号法律修改。)

第五条 外国船舶的通过

1. 外国船舶享有无害通过大韩民国领海的权利,只有这种通过不损害韩国的和平、公共秩序或安全。当外国军舰或用于非商业目的的政府船舶意欲通过韩国领海时,须遵照总统法令事先通知有关当局。

2. 外国船舶除从事有关当局授权、批准或同意的本款(2)项至(5)项、(11)项和(13)项所列任何活动外,如果在领海内从事下列任何活动,则其通过应被视为损害了韩国的和平、公共秩序和安全:

(1)对韩国的主权、领土完整或政治独立进行任何武力威胁或使用武力,或以任何其他违反《联合国宪章》所体现的国际法原则的方式进行武力威胁或使用武力;

(2)以任何种类的武器进行任何操练或演习;

(3)在船上起落或接载任何飞机;

(4)在船上发射、降落或接载任何军事装置;

(5)水下潜行;

(6)任何目的在于搜集情报使韩国的防务或安全受损害的行为;

(7)任何目的在于影响韩国防务或安全的宣传行为;

(8)违反韩国海关、财政、移民或卫生的法律和规章,上下任何商品、货币或人员;

(9)违反韩国规定的任何故意和严重的污染行为;

(10)任何捕鱼活动;

(11)进行研究或测量活动;

(12)任何目的在于干扰韩国任何通信系统或任何其他设施或设备的行为;

(13)与总统法令中规定的通过无关的任何其他活动。

3. 如为韩国安全而有必要,可以根据总统法令在领海的特定区域内暂时停止外国船舶的无害通过。

第六条 停止外国船舶航行

如果外国船舶(外国军舰或用于非商业目的的政府船舶除外,下同)涉嫌违反本法第五条的规定,有关当局可发布必要的命令或采取诸如停止航行、搜查或拿捕等必要措施。

第六条(增补) 毗连区权力

韩国经授权部门在毗连区内,得根据法律和规章,行使为实现下列目的的正式权力:

(1)防止在韩国领陆或领海内任何违反有关海关、财政、移民管制或卫生的法律和规章;

(2)对韩国领陆或领海内任何违反有关海关、财政、移民管制或卫生的法律和规章的行为,进行制裁。(由 1995 年 12 月 6 日第 4986 号法律新近颁布。)

第七条 惩罚

1. 对外国船舶上违反第五条第 2 款或第 3 款的船员或其他乘客,可处以 5 年以下监禁或不超过 2000 万韩元的罚款,情节严重者可没收船舶、船上设备、其渔获物和其他物品。(经 1995 年 12 月 6 日第 4986 号法律修改。)

2. 外国船舶上的船员或其他乘客,对依本法第六条所发布的命令或采取的措施拒不服从、妨碍或逃避的,可处以两年以下监禁或不超过 1000 万韩元的罚金。

3. 在违反本条第 1 款、第 2 款的情况下,可并处监禁和罚金。

4. 适用本条款时,如本条所涉行为同时在另一法律中构成犯罪,则执行适用的相关法律中较严厉的处罚。

第八条 外国军舰和用于非商业目的的政府船舶的例外

如果外国军舰或用于非商业目的的政府船舶或其船员或船上乘客违反本法或其他有关法律或规章,可要求其纠正违反行为或离开领海。

附录

本法自公布之日起 4 个月内,自总统法令公布的日期生效。

(根据 1978 年 4 月 9 日发布的第 8994 号总统令,本法自 1978 年 4 月 30 日生效。)

附录

本法自公布之日起一年内,自总统法令公布的日期生效。(1995 年 12 月

6日第4986号法。)

领海与毗连区法案实施法令

(1978年9月20日总统法令第9162号颁布,1991年9月7日总统法令第13463号、1996年7月31日总统法令第15133号及2002年12月18日总统法令第17803号修改)

第一条 目的

本法令的目的在于规范《领海与毗连区法案》(以下简称《法案》)委托管理,以及实施之必要的事项。(1996年7月31日总统法令15133号修改。)

第二条 直线基线的基点

测算领海宽度时,使用直线作为基线的每一海域以及根据《法案》第二条第2款的基点应在附录表1中标明。

第三条 朝鲜海峡领海宽度

根据《法案》第一条的规定,构成用于国际航行的朝鲜海峡的领海应为连接附录表2规定的基线向陆一侧的水域。

第四条 外国军舰或其他政府船舶的通过

外国军舰或其他用于非商业目的政府船舶如果要通过领海,应依照《法案》第五条第1款于通过之前3天(不含公共假日)将下列特别事项通知外交与贸易部长。上述船舶航行通过没有公海通道的用于国际航行的海峡除外。

应通知的事项:

(1)船舶的型号和正式编号;

(2)航行目的;

(3)航行路线及时间表。

第五条 外国船舶在领海的活动

1. 如果外国船舶要从事《法案》第五条第2款(b)到(e)项及(m)项的活动,应向外交与贸易部长提交申请,取得有关部门的授权、批准或同意。申请应说明下列特别事项:

(1)船舶的型号和正式编号;

（2）航行目的；

（3）活动的海区，通过的路线及时间表。

2. 任何依照其他法律和规章从有关部门取得的关于《法案》第五条第2款（b）到（e）项及（k）项的授权、批准或同意应被视为取得了依照本法令的授权、批准或同意。

第六条 控制污染的收费标准

《法案》第五条第2款（i）项中“总统法令中提出的标准”指的是《执行防止海洋污染法令》（2002年12月18日第17803号总统法令修改）第二十三条规定的标准。

第七条 无害通过的暂时停止

1. 根据《法案》第五条第3款，在领海的特定区域内暂时停止外国船舶的无害通过，要经国务院审议，总统批准，国防部长发布后方发生效力。

2. 根据本条第1款总统批准后，国防部长应不迟延地公布暂时停止无害通过的海区、暂停的时间及原因。

表 1 使用直线作为基线的水域及其基点

水 域	基 点	地理名称	坐标(北纬)	坐标(东经)
迎日湾(Yeongil Man)	1	多尔曼岬(Dalman Gab)	36°06′05″	129°26′06″
	2	霍布岬(Homi Gab)	36°05′29″	129°33′26″
蔚山湾(Ulsan Man)	3	华礁泻湖(Hwaam Chuc)	35°28′17″	129°24′40″
	4	贝奥米奥尔岬(Beomweol Gab)	35°25′56″	129°22′08″
南海(South Sea)	5	1.5 米岩(1.5 Meter Am)	35°10′09″	129°13′03″
	6	萨恩岛(南端)(Saeng Do)	35°02′13″	129°05′35″
	7	鸿岛(Hong Do)	34°32′05″	128°43′59″
	8	甘约礁(Ganyeo Am)	34°17′16″	127°51′18″
	9	哈贝克岛(Habaek Do)	34°01′42″	127°36′33″
	10	巨文岛(Geomun Do)	34°00′17″	127°19′28″
	11	丽瑞岛(Yeoseo Do)	33°58′06″	126°55′26″
	12	獐水岛(Jangsu Do)	33°55′04″	126°38′16″
	13	下秋子小岛(Jeolmyeong Seo)	33°52′01″	126°18′44″

续 表

水 域	基 点	地理名称	坐标(北纬)	坐标(东经)
西海(West Sea)	14	小黑山岛(Soheugsan Do)	34°02′49″	125°07′22″
	15	小局屹岛(小黑山岛西北)(Sogugheul Do)(Northwest of Soheugsan Do)	34°07′07″	125°04′35″
	16	红岛(Hong Do)	34°40′29″	125°10′22″
	17	戈屿(红岛西北)(Go Seo)(Northwest of Hong Do)	34°43′15″	125°11′17″
	18	横岛(Hoeng Do)	35°20′12″	125°59′05″
	19	上旺嶝岛(Sangwang-deung Do)	35°39′36″	126°06′01″
	20	稷岛(Jig Do)	35°53′22″	126°04′01″
	21	於青岛(Eocheong Do)	36°07′16″	125°58′03″
	22	小格列飞岛(Seogyeogyeolbi Do)	36°36′47″	125°32′29″
	23	少阳岛(Soryeong Do)	36°58′56″	125°44′58″

1. “Man” 意为 “海湾”。
2. “Gab” 与 “ Got” 意为 “海角” “岬”。
3. “Chu” 意为 “环礁湖”。
4. “Am” 意为 “礁石”。
5. “Do” 意为 “岛屿”。
6. “Seo” 意为 “小岛”。

表 2　朝鲜海峡领海的外部界限

1. 外部界限从按顺序连接基点 5（1.5 米岩）、基点 6（萨恩岛）和基点 7（鸿岛）的直线基线量起 3 海里。

2. 从基点 5（1.5 米岩）在 127° 划的线在上述线距离基点 53 海里处的点交叉。从该交叉点在 93° 划的线与从基线量起 12 海里的外部界限交叉。

3. 从基点 7（鸿岛）在 120° 划的线在上述第 1 段的线距离基点 73 海里处的点交叉。从该交叉点在 172° 划的线与从基线量起 12 海里的外部界限交叉。

沙特阿拉伯
Saudi Arabia

（英文文本截止于 2010 年 10 月 1 日）

第 33 号皇家法令
（1958 年 2 月 16 日）

第一条

为本法令的目的：

（1）术语“海里”相当于 1852 米；

（2）术语“海湾”包括任何入口、潟湖或其他水曲；

（3）术语“岛屿”包括任何小岛、礁石、岩石或在最低潮时不被海水淹没的永久性人工结构；

（4）术语“暗礁”指浅水覆盖的区域，其一部分在最低潮时不被海水淹没；

（5）术语“海岸”指红海（Red Sea）、亚喀巴湾（Gulf of Aqaba）和波斯湾（Persian Gulf）的海岸。

第二条

根据已确立的国际法规则，沙特阿拉伯王国的领海、领海之上的领空及领海的海床和底土都在王国的主权范围之内。

第三条　略。

第四条

沙特阿拉伯王国的领海位于王国的内水之外并向海延伸至 12 海里的距离。

第五条

沙特阿拉伯王国的领海基线应如下测定：

（1）若大陆或者岛屿的沿岸全部面朝公海，则为沿岸的低潮线；

（2）若有面临公海的海湾，则为从岬角到岬角横跨海湾口划出的线；

（3）若有暗沙位于距离大陆或沙特阿拉伯岛屿不超过 12 海里的位置，则为从大陆或岛屿沿暗沙的边缘划出的线；

（4）若有面临公海的港口或海湾，则为沿港口或海湾最外部工事向海一侧并在这些工事之间划出的线；

（5）若有岛屿距离大陆不超过 12 海里，则为从大陆开始沿岛屿的外海岸划出的线；

（6）若有一个可以由不超过 12 海里长的线连接的群岛，其中最接近大陆的岛屿距大陆不超过 12 海里，在岛屿形成一个岛链的情况下，则为从大陆开始沿群岛所有岛屿的外延划出的线，相反则为沿群岛最外缘的岛屿的外海岸划出的线；

（7）若有一个可以由不超过 12 海里长的线连接的群岛时，在岛屿形成一个岛链的情况下，则为从大陆开始沿群岛所有岛屿的外延划出的线，相反则为沿群岛最外缘的岛屿的外海岸。

第六条

如果根据本法令规定的对领海的测量方法使公海的一部分完全被领海包围，并且其向任何方向延伸都不到 12 海里，则该区域应当构成领海的一部分。同样的规则适用于一个明显的口袋型公海，即可以通过划一条不超过 12 海里的直线而将其包围。

第七条

如果依据本法案第五条确定的基线测量的领海与其他国家的水域重叠，其边界将由政府根据公平原则与该国达成协议以确定。

第八条

为保证与王国的安全、航行、财政、卫生等事项相关的法律得到遵守，海上监督覆盖领海之外的毗邻区，及于根据本法令第五条从领海基线量起 12 海里之外延伸 6 海里的区域。

第九条

本法令的规定不影响王国在捕鱼方面的权利。

关于红海资源所有权的项目规章
（1968 年 9 月 7 日第 27 号皇家法令）

第一条

沙特阿拉伯王国拥有海床岩层上的所有碳氢化合物和矿物质，就毗邻沙特阿拉伯大陆架并在红海海床延伸的区域而言，这些物质和矿产以下简称“资源”。

第二条

这些“资源”被认为是沙特领土的一部分，并根据 11/9/82 日第 90 号皇家法令印发的《采矿条例》第一条被作为国家财产处理。

第三条

沙特阿拉伯王国政府享有勘探、开采和利用这些“资源”的排他性专属权利，任何个人，不论是私人或组织、本国人或外国人，都不得以任何形式行使此种权利，除非根据适用于沙特阿拉伯王国的规定并获得主管当局的明示许可。

沙特阿拉伯王国政府可以行使其权利以勘探和开发这些“资源”，并通过与在共同区内经沙特阿拉伯王国政府承认的与其享有相似权利的邻国政府分享的方式利用这些资源。

第四条

这些“资源”不得通过占有或处分的方式拥有，时效取得规则不适用于国家所有权。

第五条

石油和矿产资源部门是监督这些“资源”的主管机关，适用沙特的规则和有关调控规定。

第六条

这些规章的适用不影响对公海的描述和在国际公法的既定规则规定的界限内对航行的限制。

第15号内阁决议

[回历1431年1月25日（公元2010年1月12日）]

内阁：

经仔细研究总统办公室于回历1430年（公元2009年——译者注）12月19日提交的第（50829/B）号文件涉及的事项，该文件提及至高无上的皇帝陛下、副总理、国防与航空部长和总检察长于回历1430年5月4日发出的第316号电报，及其所附的为红海、亚喀巴湾和阿拉伯海湾准备基线的技术组的会议纪要，以及回历1430年11月19日边界事务部长委员会第377号会议纪要，

并且经仔细研究依据回历1416年（公元1995年——译者注）9月11日第（M/17）号皇家法令批准的《联合国海洋法公约》，

并且经仔细研究内阁专家局拟定的回历1430年10月23日第503号会议纪要，回历1430年12月29日第588号会议纪要，

并且经仔细研究回历1430年11月28日立法委员会第（84/56）号决议，

并且经仔细研究回历1431年1月4日内阁常务会议第19号建议，

决定如下：

王国在红海、亚喀巴湾和阿拉伯海湾的基线应依据附表1、附表2和附表3中具体规定的注明大地基准的地理坐标表确定。

有关的皇家法令草案已经起草，其文本在此附上。

总理

回历 1431 年 1 月 26 日第（M/4）号皇家法令

得主庇佑

本人，Abdullah bin Abdulaziz Al Saud，沙特阿拉伯王国国王，

依据回历 1412 年（公元 1991 年——译者注）8 月 27 日第（A/90）号皇家法令发布的《政府基本法》第七十条，

依据回历 1414 年（公元 1993 年——译者注）3 月 3 日第（A/13）号皇家法令发布的《内阁法》第七十条，

并经仔细研究回历 1430 年 11 月 28 日立法委员会第（84/56）号决议，

并经仔细研究回历 1431 年 1 月 25 日内阁第 15 号决议，

颁布以下法律：

首先，王国在红海、亚喀巴湾和阿拉伯海湾的基线应依据附表 1、附表 2 和附表 3 中具体规定的注明大地基准的地理坐标表确定。

其次，尊贵的副总理和各部长在各自的管辖权内应执行我们的这部法令。

Abdullah bin Abdulaziz Al Saud

在亚喀巴湾和红海的基线

附表 1

从位于沙特阿拉伯王国和约旦王国在亚喀巴海湾的海洋边界上的 1 号基点到位于沙特阿拉伯王国和也门共和国在红海的海洋边界上的 103 号基点的基线。（1984 年世界大地测量系统。）

基点编号	各基点地理坐标					
	北纬			东经		
	度	分	秒	度	分	秒
1	29	21	29.39	34	57	21.46
2	29	21	19.69	34	57	18
3	29	20	24	34	56	52

续 表

基点编号	北纬			东经		
	度	分	秒	度	分	秒
4	29	19	23	34	56	39
5	29	18	02	34	55	58
6	29	17	26	34	55	42
7	29	13	32	34	54	39
8	29	11	02	34	53	43
9	29	08	39	34	52	45
10	29	05	29	34	52	00
11	29	02	50	34	51	08
12	29	01	37	34	50	50
13	28	58	23	34	50	33
14	28	53	38	34	49	13
15	28	53	04	34	49	09
16	28	49	57	34	49	43
17	28	46	35	34	48	53
18	28	40	27	34	46	38
19	28	39	47	34	46	29
20	28	34	42	34	47	30
21	28	31	40	34	48	16
22	28	28	52	34	46	26
23	28	27	35	34	45	47
24	28	24	22	34	44	22
25	28	22	17	34	43	33
26	28	15	40	34	40	24
27	28	12	04	34	38	56
28	28	10	55	34	38	21
29	28	09	47	34	36	57
30	28	09	20	34	36	31
31	28	07	31	34	34	54
32	28	06	26	34	34	12
33	28	05	47	34	34	02
34	28	03	21	34	32	06
35	28	01	57	34	31	02
36	28	01	30	34	30	08
37	28	00	58	34	29	12
38	28	00	50	34	29	08
39	27	59	56	34	28	59

续 表

基点编号	北纬			东经		
	度	分	秒	度	分	秒
40	27	59	43	34	28	59
41	27	56	37	34	30	09
42	27	54	40	34	33	09
43	27	53	55	34	43	00
44	27	48	51	35	06	05
45	27	47	06	35	07	31
46	27	41	16	35	13	21
47	27	38	53	35	16	56
48	27	32	18	35	25	04
49	27	25	56	35	31	15
50	27	14	27	35	37	41
51	27	08	51	35	42	29
52	26	57	18	35	46	43
53	26	48	54	35	52	37
54	26	39	24	35	59	24
55	26	33	44	35	04	02
56	26	22	34	36	15	07
57	26	11	05	36	21	21
58	26	03	29	36	29	01
59	25	48	36	36	32	13
60	25	38	26	36	28	48
61	25	37	22	36	29	30
62	25	23	28	36	40	47
63	25	13	56	36	50	45
64	24	59	10	36	56	41
65	24	51	25	36	59	34
66	24	29	33	37	07	02
67	24	23	38	37	09	27
68	24	20	26	37	22	58
69	24	09	30	37	40	25
70	23	50	19	37	53	39
71	23	46	09	37	57	00
72	23	38	55	38	01	54
73	23	30	27	38	14	36
74	23	02	41	38	36	17
75	22	45	13	38	36	37

续 表

基点编号	北纬			东经		
	度	分	秒	度	分	秒
76	22	25	25	38	51	04
77	22	19	52	38	51	07
78	22	03	15	38	45	29
79	21	51	21	38	44	42
80	21	40	56	38	49	56
81	21	05	53	39	01	43
82	20	55	28	39	09	44
83	20	44	19	39	16	13
84	20	17	32	39	28	19
85	20	15	10	39	29	58
86	19	45	54	39	53	24
87	19	44	56	39	54	24
88	19	28	04	40	01	28
89	19	12	41	40	05	42
90	19	00	06	40	08	28
91	18	45	52	40	28	24
92	18	30	27	40	39	31
93	18	12	55	40	43	08
94	18	03	42	40	47	00
95	18	00	40	40	48	33
96	17	39	48	41	01	30
97	16	56	43	41	23	24
98	16	54	22	41	24	18
99	16	45	27	41	29	42
100	16	40	06	41	34	36
101	16	32	46	41	39	52
102	16	24	26.34	41	52	07
103	16	19	58.10	41	55	15.17

在阿拉伯海湾的基线

附表 2

从位于沙特阿拉伯王国和科威特国之间海底区域的分界线上的 1 号基点到位于 Lubainah Al Kabirah 的岛屿的 11 号基点的基线。（1984 年世界大地测量系统。）

基点编号	各基点地理坐标					
	北 纬			东 经		
	度	分	秒	度	分	秒
1	28	33	56.31	48	28	41. 64
2	28	29	49	48	30	20
3	28	11	55	49	57	57
4	28	00	46	49	05	41
5	27	42	48	49	21	12
6	27	32	14	49	33	28
7	27	22	01	49	54	00
8	26	59	24	50	12	54
9	26	33	24	50	16	00
10	26	24	30	50	18	18
11（9）*	26	15	14.695	50	19	07.79

*位于沙特阿拉伯王国和巴林王国在 Lubainah Al Kabirah 的沙特岛最东侧的 9 号边界点。（Clark 1880 system——Nahrawan 基准）

在阿拉伯海湾的基线

附表 3

从位于沙特阿拉伯王国和卡塔尔国之间海洋界线上的 1 号海洋边界点到位于沙特阿拉伯王国和阿拉伯联合酋长国之间海洋界线上的 4 号基点的基线。（1984 年世界大地测量系统）

基点编号	各基点地理坐标					
	北 纬			东 经		
	度	分	秒	度	分	秒
1	24	43	11.76	51	36	16. 06
2	24	34	02	51	33	55
3	24	24	06	51	30	24
4（ά）*	24	15	39.8	51	35	26

*位于沙特阿拉伯王国和阿拉伯联合酋长国之间的 á 号边界点。（Clark 1866 system——Umm Arras）

新 加 坡
Singapore

（英文文本截止于 2010 年 7 月 12 日）

英国 1878 年领海管辖权法案

…………

第二条 海军上将管辖权法律修正案

在陛下统治的领水内的个人，无论是否为女王陛下的子民，所犯的罪行都在海军上将的管辖范围之内，即使该罪行可能是在船上或者通过外国船舶犯下，并且犯有该罪的人可能被逮捕、审判和处罚。

第三条 对惩罚罪行的诉讼程序的限制

对被指控犯有依照本法规定属于海军上将管辖范围内的任何罪行的非女王陛下的子民提起的审判和惩罚的法律程序不得在任何英国法院进行，除非女王陛下的首席秘书同意并经其证明其认为该诉讼程序是适宜的，并且不得在英国之外的女王陛下的自治领之内进行；或者总督离开该诉讼程序将要进行的自治领，并且经其证明该诉讼程序的进行是适当的。

第四条 关于程序的规定

在对被指控犯有依照本法规定属于海军上将管辖范围内的任何罪行的非国王陛下的子民进行的审判中，无需在任何起诉书或资料中证明已经获得该法案要求的国家元首的秘书或总督的同意或证明，并且该事实应被推定为存在,除非被告在法庭上提出异议;而且,一项声称为尊重英国而由女王陛下的首席秘书签署,以及为尊重女王陛下的自治领而由总督签署,并且包含了同意和证明文件的产生,应当为本法所有目的作为本法要求的同意和证明的确凿证据。

治安法官或地方法官主持的诉讼程序先于为审判而对犯罪者进行的羁押或者先于治安法官或地方法官作出审判犯罪者的决定,不应被认为是为本法规定的同意和证明的目的而对经犯罪人承认的罪行而进行审判的诉讼程序。

第五条 司法管辖权的保留

本法案中的任何内容不得解释为减损女王陛下及其继承人根据国家法律享有的正当的管辖权,或者影响或损害任何议会制定的法律或者现行的有关外国船舶或者船上人员的法律所赋予的司法管辖权。

第六条 关于海盗的保留

本法案不应损害或影响迄今为止对各国法律规定的海盗行为的审判方式,或者影响或损害与此有关的任何法律;并且若各国法律定义的海盗行为也是根据本法规定属于海军将领管辖范围内的犯罪,则该犯罪行为可以依据本法或者任何其他议会的法案,与此有关的法律或习惯进行审判。

第七条 释义

在本法案中,除非内容上存在冲突,下列用语分别有以下含义:

本法案中所称的"海军上将的管辖权",包括英格兰和爱尔兰海军部的管辖权或者是任何在议会的法案中使用的管辖权,并且为逮捕任何在海军上将管辖范围内被指控犯有违反本法案规定的罪行的人,毗连英国或者任何女王陛下的自治领的领水应被视为在法官、裁判官或官员的权力管辖范围之内,该法官、裁判官或官员有权在英国或女王陛下自治领的其他部分签发逮捕令或逮捕被控犯有属于其管辖范围内的罪行的人。

"英国"包括马恩群岛(Isle of Man)、海峡群岛(Channel Islands)和其他附属岛屿。

"女王陛下自治领的领水",就海洋而言,指毗连英国海岸或女王陛下自治领某些地区海岸的海域,根据国际法其被视为属于女王陛下的领土主权范围;为任何本法规定的属于海军上将管辖的任何犯罪行为的目的,从低潮线量起海岸的一海里格内公海的任何部分应被视为在女王陛下自治领的领水内的公海。

"总督",为尊重印度,是指总督……(原文如此——译者注);(并且为尊重英国的殖民地,其)包括几个殖民地,是指在当时执掌所有殖民地的总督或执掌任何殖民地的总督;并且为尊重任何其他英国的占领地,是指当时管理该占领地政府的官员。此外,任何代理或行使总督权力的人也应包括在"总督"的范围之内。

本法案中使用的"犯罪"指一种过失或故意行为,如果在英国的一个郡县内发生,根据英国当时有效的法律可对其提起公诉并进行惩罚。

"船舶"包括任何一种大船、小船或其他浮艇。

"外国船舶"指任何英国船舶之外的船舶。

斯里兰卡
Sri Lanka

（英文文本截止于 2009 年 5 月 22 日）

第 22 号海洋区域法[①]
（1976 年 9 月 1 日）

第一节

本法可称为《1976 年第 22 号海洋区域法》。

第二节

1. 斯里兰卡共和国总统得在政府公报中宣布：斯里兰卡陆地领土和内水以外斯里兰卡领海的界限，并可在该公告中详细说明测算该界限的基线。该基线向陆一侧的水域构成斯里兰卡内水的部分。

2. 位于主要海岸或基线向海一侧，构成斯里兰卡领土部分的岛屿或岩礁，或岛群或岩礁群，其领海可扩展到根据本节第 1 款所宣布的界限，即从这些岛屿或岩礁，或岛群或岩礁群，或岛群或岩礁群向海一侧沿一般大潮时的低潮线量起。

3. 斯里兰卡共和国的主权及于领海和领海上空及其海床和底土。

---

① 本法翻译参考了国家海洋局政策研究室编：《各国领海及毗连区法规选编》，法律出版社，1985 年版。—— 译者

第三节

1. 所有国家的船舶享有无害通过的权利。通过只有不损害共和国的和平、良好秩序或安全才是无害的。

外国军舰只有经主管部长事先同意和遵守他所规定的条件方可进入或通过领海。

2. 除斯里兰卡有效的成文法律规定外,外国航空器不得进入或通过斯里兰卡领海上空。

非经主管部长事先同意及遵守所规定的条件,外国军用航空器不得进入或通过斯里兰卡领海上空。

3. 外国船舶或航空器违反本条规定者可处没收。

4. 主管部长如认为为了维护共和国的和平、良好秩序和安全而有必要,可在政府公报上发表命令:指定在领海的某区域内暂停任何船舶的无害通过权。

第四节

1. 总统可在政府公报中发布公告,宣布:毗连领海并从领海的外部界限向海一侧延伸的一个区域为斯里兰卡的毗连区。

2. 在有理由担心违反与下述问题有关的斯里兰卡成文法时:

(1)共和国的安全;

(2)移民、健康和环境卫生;或者

(3)关税和其他税收事项。

专管部长可采取有关毗连区的必要措施,以便保证实施和阻止违反这些法律。

第五节

1. 总统可在政府公报中发布公告,宣布:邻接领海及其海床和底土为斯里兰卡的专属经济区。该区域的界限得在公报中说明。

2. 专属经济区内的海床和底土、水面及水体上的所有自然资源,不论为生物资源或非生物资源,均属于共和国。

3. 在专属经济区内,共和国享有:

(1)以勘探和开发、养护和管理自然资源,不论为生物或非生物资源为目的的主权权利,以及使用海潮、风力和海流生产能源及其他经济利用;

（2）授权、规范和控制海洋科学研究的专属权利和管辖权；

（3）为勘探和开发该区域内的资源，或为方便航线或其他目的而建造、维护或使用人工岛屿、岸外码头、设施、结构和装置的专属权利和管辖权；以及

（4）国际法承认的其他权利。

第六节

1. 斯里兰卡大陆架构成为：

（1）斯里兰卡领海以外、依其陆地领土的自然延伸，扩展到大陆边外缘海底区域的海床和底土，如果从测算领海宽度的基线量起到大陆边外缘的距离不到 200 海里，则扩展到 200 海里的距离。

（2）邻接构成斯里兰卡领土组成部分的任何岛屿或岩礁、岛屿和岩礁群，或岛群或岩礁群海底区域的海床和底土。

2. 大陆架的海床和底土的所有自然资源，不论为生物资源或非生物资源，均属于共和国。

3. 共和国在大陆架享有：

（1）以勘探和开发、养护和管理自然资源，不论为生物或非生物资源为目的的主权权利；

（2）授权、规范和控制海洋科学研究的专属权利和管辖权；

（3）为勘探和开发大陆架上的资源，或为方便航行或其他目的而建造、维护或使用人工岛屿、岸外码头、设施、结构和装置的专属权利和管辖权；以及

（4）国际法承认的其他权利。

第七节

1. 总统可在政府公报中发布公告，宣布任何邻接领海的海域及其海床和底土区域为斯里兰卡的防止污染区。该区域的界限将在公告中详细说明。

2. 主管部长在必要时应在该区域内采取步骤，以控制和防止污染及保护该区内的生态平衡。

第八节

无论本法或任何其他成文法如何规定：

（1）斯里兰卡和印度从保克海峡（Palk Strait）到亚当桥（Adam's Bridge）之间的海上界线为按下列顺序的经纬点连接的大弧线构成：

点 1:北纬 10°05′　东经 80°03′
点 2:北纬 09°57′　东经 79°35′
点 3:北纬 09°40.15′　东经 79°22.60′
点 4:北纬 09°21.80′　东经 79°30.70′
点 5:北纬 09°13′　东经 79°32′
点 6:北纬 09°06′　东经 79°32′

(2)斯里兰卡和印度之间在马纳尔湾(Gulf of Mannar)的界线为按下列顺序的经纬点连接的大弧线构成:

点 1m:北纬 09°06.0′　东经 79°32.0′
点 2m:北纬 09°00.0′　东经 79°31.3′
点 3m:北纬 08°53.8′　东经 79°29.3′
点 4m:北纬 08°40.0′　东经 79°18.2′
点 5m:北纬 08°37.2′　东经 79°13.0′
点 6m:北纬 08°31.2′　东经 79°04.7′
点 7m:北纬 08°22.2′　东经 78°55.4′
点 8m:北纬 08°12.2′　东经 78°53.7′
点 9m:北纬 07°35.3′　东经 78°45.7′
点 10m:北纬 07°21.0′　东经 78°38.8′
点 11m:北纬 06°30.8′　东经 78°12.2′
点 12m:北纬 05°53.9′　东经 77°50.7′
点 13m:北纬 05°00.0′　东经 77°10.6′

(3)斯里兰卡和印度之间在孟加拉湾的界线为按下列顺序的经纬点连接的大弧线构成:

点 1b:北纬 10°05.0′　东经 80°03.0′
点 1ba:北纬 10°05.8′　东经 80°05.3′
点 1bb:北纬 10°08.4′　东经 80°09.5′
点 2b:北纬 10°33.0′　东经 80°46.0′
点 3b:北纬 10°41.7′　东经 81°02.5′
点 4b:北纬 11°02.7′　东经 81°56.0′
点 5b:北纬 11°16.0′　东经 82°24.4′

点 6b：北纬 11°26.6′　　　　东经 83°22.0′

第九节

1. 总统可在政府公报中发布公告，宣布斯里兰卡历史性水域的界线。

2. 斯里兰卡共和国在其历史性水域水面和水域内以及历史性水域内的岛屿和大陆架及海床和底土上下行使主权、专属管辖权和控制。

第十节

本法生效后及在此后的任何时候，主管部长如认为有必要，可要求总测绘师公布地图，标明一般大潮的低潮线标志、测算领海和领海外部界限及依本法规定公布的其他海域和管辖海域的基线。

第十一节

不论其他成文法中有任何相反规定，任何成文法中提及的“领水”“领海”“沿海水域”“毗连区”“专属经济区”“大陆架”或“防止污染区”均应按本法规定予以理解和解释。

第十二节

为使本法规定和原则产生效力，斯里兰卡一切有效成文法均应理解和解释为在有关情况下，这些法律可延伸适用于毗连区、专属经济区、大陆架或防止污染区的范围，视其情况而定。

第十三节

1. 主管部长为使本法规定产生效力，可制定规章。

2. 主管部长制定的每一规章应在政府公报上公布，并于公布之日起实施，或在规章中可能规定的较后日期实施。

3. 主管部长制定的每一规章，应在政府公报公布后的适当时间报请国民议会核准。未经核准的规章应视为自不核准之日起废止，但不影响在此之前已根据该规章所做的任何事情。

第十四节

在斯里兰卡任何法院的任何过程中，如果问题涉及对某种行为或不行为是否发生在斯里兰卡领海内，或依本法宣布的任何区域或管辖区内，主管部长签署的证明书是对该行为或不行为发生地的初步证据。

第十五节

除非从上下文看另有其他意义，本法中：

"外国航空器"应具有与航空法中该词的同样意义。

"军用航空器"系指因其设备可用于任何作战用途的航空器。

"船舶"系指任何船舶、船只或小船,或用于水面、水下航行,或不仅用橹、桨、篙推动的船只,并且包括除生活所需供应品以外的、为航行和处理船舶事务所必需的一切设备、装置和附属物。

"军舰"系指因其设备可用于任何作战用途的船舶。

执行《1976年第22号海洋区域法》的总统公告

(1977年1月15日)

鉴于国民议会已颁布《1976年第22号海洋区域法》,该法宣布了斯里兰卡的领海和其他海域,及其他有关的所有事项;

鉴于有必要依"海洋区域法"条款分别宣布领海、毗连区、专属经济区、防止污染区和历史性水域;

本人——斯里兰卡总统——William Gopallawa,根据《1976年第22号海洋区域法》第二节、第四节、第五节、第七节和第九节授予我的权力,在此"总统公告"中宣布:

1. 无论此前斯里兰卡有何领海公告,除本公告第7条(3)的规定外,斯里兰卡的领海从第2条规定的基线量起延伸到12海里。

2. 该领海宽度从沿大陆海岸和岛屿向海一侧一般大潮的低潮线量起。

为确定领海界限的基线之目的:

(1)如果所有低潮高地因测算领海宽度的目的而被忽视,完全或部分位于领海宽度内的低潮高地应被视为岛屿。

(2)构成海港体系组成部分的最外部永久海港工程视为大陆海岸的一部分。

(3)在海岸极为曲折或紧接海岸有一系列岛屿的地方,基线的划定可采用连接各适当点的直线基线法。此种基线的划定不应在任何明显的程度上偏离海岸的一般方向,而且基线内的海域必须充分接近陆地领土,使其受内水制度的支配。

在佩德罗角(Point Pedro)西侧海域,测算领海宽度的基线应为在保克海峡(Palk Strait)按下列顺序的经纬点连接的大弧线构成:

(1)北纬 09°49′8″,东经 80°15′2″;

(2)北纬 10°05′0″,东经 80°03′0″。

3. 斯里兰卡的毗连区从测算领海宽度的基线量起延伸到 24 海里。

4. 斯里兰卡的专属经济区从测算领海宽度的基线量起延伸至 200 海里的距离。

5. “防止污染区”从测算领海宽度的基线量起延伸到 200 海里的距离。

6. 无论第 4 条、第 5 条有何规定,斯里兰卡位于马纳尔湾(Gulf of Manna)与孟加拉湾(Bay of Bengal)的专属经济区和防止污染区依照《1976 年第 22 号海洋区域法》第八节定义的斯里兰卡与印度之间的海域界限向海延伸。

7.(1)斯里兰卡在保克海峡、保克湾和马纳尔湾的历史性水域的界限如下:

①斯里兰卡的大陆海岸;

②《1976 年第 22 号海洋区域法》第八节规定的斯里兰卡与印度之间的海洋界限;

③下列在马纳尔湾的经纬点定义的大弧线:

(i)北纬 08°15′0″,东经 79°44′0″;

(ii)北纬 08°22′2″,东经 78°55′4″;以及

④下列在保克海峡的经纬点定义的大弧线:

(i)北纬 09°49′8″,东经 80°15′2″;

(ii)北纬 10°05′0″,东经 80°03′0″。

(2)保克湾和保克海峡的历史性水域为斯里兰卡内水的组成部分。

(3)马纳尔湾的历史性水域为斯里兰卡领海的组成部分。

阿拉伯叙利亚共和国
Syrian Arab Republic

（英文文本截止于 2009 年 3 月 9 日）

第 28 号法律[①]
（2003 年 11 月 28 日）

共和国总统，

依照《宪法》规定和人民大会在回历 1424 年 9 月 13 日，即公元 2003 年 11 月 8 日召开会议期间作出的决定，

宣布以下法律：

第一章　定　义

第一条

为本法之目的，以下表述应具有以下指定含义：

（1）海洋：地中海；

（2）沿岸：阿拉伯叙利亚共和国面向海洋的沿岸，按在阿拉伯叙利亚共和国使用的经认可的地图划定界限；

（3）海湾：凹入陆地的水曲，其包括被陆地环抱的水域，而不仅为海岸

① 本法原文为阿拉伯文，来源为阿拉伯叙利亚共和国政府公报第 51/2003 号。

的弯曲,水曲的面积等于或大于横越曲口所划的直线作为直径的半圆形的面积;

(4)岛屿:四面环海并且在正常情况下总是位于高潮线之上的陆地;

(5)低潮高地:在领海内,为浅水所覆盖并且其部分在最低潮时仍位于水面上的任何区域;

(6)泊船处:用于船舶停泊、卸载和上载的区域;

(7)港口:为划定领海界限的目的,由内阁基于交通部长的提议作出的决定建立或指定的,预备为船舶到港、抛锚或停泊的部分海岸;

(8)油港:由主管部门的决定建立或指定的,预备为油轮到港、抛锚或停泊的部分海岸;

(9)海里:相当于 1852 米;

(10)基线:一系列连续的虚构线,或是正常线或是虚构线,连接位于低潮线上向海的最远点,该低潮线划分内水和领海并且作为测量领海宽度的起点;

(11)公海:国家的内水、领海或专属经济区或一个群岛国的群岛水域之外的所有海域;

(12)海洋自然资源:所有其存在对人类至关重要的海洋资源,包括生物资源和非生物资源;

(13)生物资源:全部或部分生活在海水中或海床上的所有植物或动物种群;

(14)非生物资源:位于海床之上或之下的所有固体、液体或气体矿产资源;

(15)政府船舶:为一国所有或租赁的,为非商业目的操作或使用的船舶;

(16)军舰:属于一国武装部队、具备辨别军舰国籍的外部标志、由该国政府正式委任并名列相应的现役名册或类似名册的军官指挥和配备有服从正规武装部队纪律的船员的船舶。

第二章　内　水

第二条

阿拉伯叙利亚共和国的内水包括以下:

(1)位于阿拉伯叙利亚共和国沿岸,并且在海岸线和连接天然入口两端低潮标的直线之间划定的海湾水域;

（2）在低潮高地距离阿拉伯叙利亚共和国陆地或岛屿不超过 12 海里的情况下，是海岸线和该高地低潮线之间的水域；

（3）若从低潮时岛屿最外缘的线起算，其距离陆地不超过 12 海里，是位于大陆和该岛屿之间的水域；

（4）若在低潮时岛屿相互距离不超过 12 海里，是阿拉伯叙利亚共和国各岛屿之间的水域。

第三章 领 海

第四条

阿拉伯叙利亚共和国的领海从本法定义的基线量起向海延伸 12 海里。

第五条

根据国际法调整无害通过的规定，叙利亚主权及于阿拉伯叙利亚共和国的领海、领海上空及其海床和底土。

第六条

（1）无害通过指不威胁阿拉伯叙利亚共和国和平、安全或秩序，并且按照国际法的规定航行通过领海。

（2）无害通过应继续不停和迅速进行，并且不包括任何停船和下锚，除非在通常航行所附带发生的或由于不可抗力或遇难所必要的或为救助遇险或遭难的人员、船舶或飞机的目的的限度内。

第七条

如果外国船舶在领海内进行以下活动，其通过即应视为危害阿拉伯叙利亚共和国的和平、安全或秩序：

（1）对阿拉伯叙利亚共和国的主权、领土完整或政治独立进行任何武力威胁或使用武力；

（2）以任何种类的武器进行任何操练或演习；

（3）影响阿拉伯叙利亚共和国防务能力或安全的宣传行为；

（4）在船上起落或接载任何飞机；

（5）在船上发射、降落或接载任何军事装置；

（6）搜集情报使阿拉伯叙利亚共和国的防务或安全受损害的行为；

（7）违反阿拉伯叙利亚共和国海关、财政、移民或卫生的法律和规章，上下任何商品、货币或人员；

（8）违反叙利亚法律和规章的捕鱼活动；

（9）进行研究或测量活动；

（10）任何故意和严重的污染行为；

（11）干扰沿海国任何通信系统或任何其他设施或设备的行为；

（12）漫游或游弋；

（13）与通过没有直接关系的任何其他活动。

第八条

为阿拉伯叙利亚共和国承认的所有国家的船舶应享有在和平时期无害通过领海的权利。

第九条

1. 外国军舰、危险船舶、潜水艇和其他潜水器，仅在获得国防部长同意并且满足国际上对武力的限制、标准和保留的条件下，得享有无害通过权。

2. 在通过领海时，所有潜水艇和其他潜水器应在水面上航行并展示其旗帜。

3. 上述第 1 款提到的“危险船舶”，指核动力船舶，或运载危害环境或有损国家安全的物质的船舶。

第十条

外国船舶行使通过领海的权利，必须遵守阿拉伯叙利亚共和国有效的法律和规章以及国际法的规定，特别是关于运输和航行的规定。

第十一条

船舶驶入或驶离领海应依据叙利亚主管部门确定的规则。

第十二条

阿拉伯叙利亚共和国的主管部门应享有在领海采取为预防非无害通过所必要的措施的权利。

第十三条

阿拉伯叙利亚共和国各部门可以在其有决定权的情况下，依据该部门确定的领海内一些区域的公共利益情况，暂停无害通过权的行使。此种停止应在正式公布后发生效力。

第十四条

1. 对外国船舶不得仅以其通过领海为理由而征收任何费用。

2. 依据有效的法律和规章,可对外国船舶提供的特定服务,比如救援、救助、引航及其他服务而征收费用。

第十五条

仅在以下情况,阿拉伯叙利亚共和国主管部门得在通过领海的外国船舶上行使刑事管辖权,以逮捕与在该船舶通过期间船上所犯任何罪行有关的任何人或进行与该罪行有关的任何调查:

(1)罪行的后果及于阿拉伯叙利亚共和国;

(2)经船长或船旗国外交代表或领事官员请求叙利亚部门予以协助;

(3)罪行属于扰乱阿拉伯叙利亚共和国和平或安全,或领海的秩序的性质;

(4)这些措施是取缔违法贩运麻醉药品或精神调理物质所必要的。

第十六条

叙利亚主管部门可以要求通过领海的外国军舰遵守叙利亚法律和规章,如果有违反可以对船舶采取适当措施。

第十七条

外国军舰或其他政府船舶的船旗国应对不遵守叙利亚有关领海的法律和规章引起的后果承担全部责任。

第十八条

在上述第十六条和第十七条的限制下,外国军舰或其他政府船舶应享有在互惠基础上承认的豁免。

第四章 毗连区

第十九条

毗连区位于领海之外并与之毗连,从基线量起向公海延伸不超过 24 海里的距离。

第二十条

在毗连区内,阿拉伯叙利亚共和国得行使为下列事项所必要的权力:

（1）防止在其领土或领海内违反其海关、财政、移民或卫生的法律和规章；

（2）惩治在其领土或领海内违反上述法律和规章的行为。

第五章　专属经济区

第二十一条

根据国际法的规定，专属经济区位于领海之外并包括整个毗连区，从基线量起向公海方向延伸 200 海里的距离。

第二十二条

在专属经济区内，阿拉伯叙利亚共和国有：

1. 以勘探和开发、养护和管理海床上覆水域和海床及其底土的自然资源（不论为生物或非生物资源）为目的的主权权利，以及关于在该区内从事经济性开发和勘探，如利用海水、海流和风力生产能等其他活动的主权权利。

2. 与人工岛屿、设施和结构的建造和使用，从事海洋科学研究，以及为保护和保全海洋环境的措施有关的管辖权。

第二十三条

1. 只有阿拉伯叙利亚共和国的船舶可依据有效的法律和规章，不经有关部门授权而享有在专属经济区内勘探和开发生物和非生物资源的权利。

2. 叙利亚主管部门就违反叙利亚有关专属经济区的法律和规章的行为，得享有对外国船舶进行检查、搜查、逮捕和启动法律诉讼的权利。

3. 国防部与有关部门合作，可以依据国际法的规则和原则制定为行使前款规定权利所必须遵守的规则和做法。

第二十四条

1. 内阁应基于阿拉伯叙利亚共和国有关部门的提议，规定铺设通过叙利亚内水、领海或专属经济区的电缆和管道的条件。

2. 任何外国或机构铺设穿过专属经济区的海底电缆和管道应事先获得阿拉伯叙利亚共和国有关部门的许可。

3. 外国或机构应在铺设海底电缆或管道时顾及并且不损害已有的电缆和管道。对铺设电缆或管道的许可不免除该国家或机构对由其造成的损害承担责任。

第二十五条

1. 任何部门或机构在专属经济区内建筑和使用人工岛屿、设施和结构应需要事先获得内阁根据有关部门的建议而作出的批准。

2. 交通部应对上述第 1 款提及的人工岛屿、设施和结构采取以下措施:

(1)对所有有关的国际机构发出公告;

(2)在任何人工岛屿、设施和结构周围不超过 500 米的范围内和建立安全区的情况下,建立带有航行警告方法的特殊制度;

(3)为确保人工岛屿、设施和结构的安全和海上航行所必需的任何措施。

3. 阿拉伯叙利亚共和国得对上述第 1 款提及的人工岛屿、设施和结构享有管辖权,以及有关财政、移民、安全、海关、卫生和环境法律和规章的管辖权。

第六章 大 陆 架

第二十六条

大陆架包括叙利亚海洋领土在水下的自然延伸,直至大陆边外缘。

第二十七条

阿拉伯叙利亚共和国以勘探大陆架和开发大陆架资源,不论生物的或非生物的为目的,对大陆架行使主权权利。

第二十八条

阿拉伯叙利亚共和国对大陆架的权利不取决于实际的或观念上的占有,或任何明确的宣告。

第二十九条

本法第二十六条的规定应作必要修改后适用于大陆架上的人工岛屿、设施和结构,并且所有船舶必须尊重第二十五条第 2 款提及的安全区,并且应在人工岛屿、设施和结构的附近适用有关航行的国际标准。

第七章　海洋科学研究

第三十条

1. 除内阁根据有关部门的建议作出的许可外,任何外国自然人或法人均不得享有在领海或专属经济区内或大陆架上从事科学研究的权利。

2. 申请许可必须向叙利亚有关部门提交有关研究项目的详细信息。

3. 被许可人应保证:进行海洋科学研究遵守适用于开展科学研究的区域的叙利亚法律和规章,并且不违背国际法规则和原则。

4. 被许可人应保证:确保叙利亚主管部门指定的叙利亚专家的参与,并且在研究结束后向叙利亚有关部门提交获得的结果的原始复制件。

第三十一条

1. 海洋科学研究工作可以在以下情况暂停:

(1)若从事的研究工作不符合向叙利亚主管部门提交的,并作为许可从事该项研究的基础的数据;或者

(2)如果被许可人未遵守规定的许可条件。

2. 被许可人必须在接到暂停命令或停止的通知后,停止通知中的研究工作。

3. 被许可人一旦满足了必要条件,应立即恢复其继续海洋科学研究的许可,而依据上述第 1 款发布的暂停命令应解除。

4. 暂停或停止海洋科学研究的命令以及解除的命令应由内阁根据有关部门的建议发布。

第三十二条

移除科学研究设施和设备:

(1)除非另有协议,被许可人应被要求在相关工作终止后立即移除海洋科学研究的设施和设备。

(2)如果被许可人不移除研究的设施和设备,叙利亚当局得有权移除该设施和设备。由此发生的费用由被许可人负担。

第八章　公　海

第三十三条

阿拉伯叙利亚共和国享有国际法有关公海的规则规定的权利。

第九章　在公海禁止的活动

第三十四条

1. 禁止在悬挂阿拉伯叙利亚共和国旗帜的船舶上贩运奴隶,并且禁止将此类船舶用于该目的。

2. 在悬挂阿拉伯叙利亚共和国旗帜的船舶上避难的任何奴隶均当然获得自由。

第三十五条

禁止在悬挂阿拉伯叙利亚共和国旗帜的船舶上从事海盗行为。以下视为海盗行为:

(1)私人船舶或私人飞机的船员、机组成员或乘客为私人目的,对另一船舶或飞机,或对另一船舶或飞机上的人或财物所从事的任何非法的暴力或扣留行为,或任何掠夺行为。

(2)明知船舶或飞机成为海盗船舶或飞机的事实,而自愿参加其活动的任何行为。

(3)教唆或故意为本条(1)项或(2)项提供便利的任何行为。

第三十六条

如果处于主要控制地位的人员意图利用船舶或飞机从事前一条所指的各项行为之一,该船舶或飞机视为海盗船舶或飞机。如果该船舶或飞机曾被用以从事任何这种行为,在该船舶或飞机仍在犯有该行为的人员的控制之下时,上述规定同样适用。

第三十七条

叙利亚的船舶或飞机虽已成为海盗船舶或飞机,只要主管部门不予否定,其仍可保有其国籍。

第三十八条

阿拉伯叙利亚共和国的当局可以扣押海盗船舶或飞机或为海盗所夺取并在海盗控制下的船舶或飞机，并且逮捕船上或机上人员并扣押船上或机上财物。叙利亚法院可对罪犯判处刑罚。

第三十九条

1. 阿拉伯叙利亚共和国的主管部门应与其他国家合作制止：

（1）非法贩运麻醉药品和精神调理物质；

（2）在公海从事未经许可的广播。

2. 阿拉伯叙利亚共和国的刑事法院应有权审判在以下情况下在公海从事未经许可的广播的人：

（1）从事广播的船舶悬挂着阿拉伯叙利亚共和国的旗帜；

（2）从事广播的船舶在阿拉伯叙利亚共和国登记；

（3）从事广播的人是阿拉伯叙利亚共和国的国民；

（4）在阿拉伯叙利亚共和国领土上可以收到干扰其任何性质的通信或影响其国家安全的该类广播。

第四十条

1. 如果叙利亚主管部门确有理由相信外国船舶违反了叙利亚的法律和规章，它可以对其采取紧追。此项追逐须在外国船舶或其小艇之一在叙利亚共和国的内水、领海或毗连区内时开始，而且只有追逐未曾中断，才可在领海或毗连区外继续进行。当外国船舶在领海或毗连区内接获停驶命令时，发出命令的船舶并无必要也在领海或毗连区内。如果外国船舶是在毗连区内，追逐只有在设立该区所保护的权利遭到侵犯的情形下才可进行。

2. 对于在专属经济区内或在大陆架上违反叙利亚适用于专属经济区或大陆架的有效法律和规章的行为，应比照适用紧追权。

3. 紧追权在被追逐的船舶进入其本国领海或第三国领海时立即终止。

第十章 刑 罚

第四十一条

犯有本法定义的任何海盗行为的，应判处 5~15 年的监禁。

第四十二条

违反第三十四条第1款的,应判处3~10年的监禁。

第四十三条

在领海中从事未经授权的广播的,应判处6个月到1年的拘留。

第十章 最后条款

第四十四条

1963年第304号立法令和1981年第37号法律不再有效。

第四十五条

本法应在政府公报上公布。

2003年11月9日于大马士革。

Bashar Al-Asad

共和国总统

泰　国
Thailand

（英文文本截止于 2009 年 1 月 16 日）

关于泰国海湾内部的总理事务部办公室声明

（1959 年 9 月 22 日）

总理事务部认为应当发布以下声明以界定泰国海湾以内部分的法律地位，即：位于从 Bahn Chong Samsarn Peninsula（北纬 12°35′45″，东经 100°57′45″）的第一个点开始向西平行于该纬度，到达相对海岸（北纬 12°35′45″，东经 99°57′30″）的第二个点的领海基线，其西北部的泰国海湾以内部分为历史性海湾，前面所称的领海基线包围的水域构成泰国内水的一部分。

泰王国从远古时代起持续保持上述立场。

确定领海宽度的宣言

（1966 年 10 月 6 日）

鉴于泰国的主权一直及于其陆地领土和内水之外邻接海岸的一带海域，即领海，包括领海上空以及领海的海床和底土；

鉴于确定领海的宽度被认为是适当的；

特此宣布：泰国领海宽度确定为从测算领海宽度的基线量起 12 海里。

总理办公室公告

（1970 年 6 月 11 日）

目 录	地理名称	地理坐标	
		北 纬	东 经
区域 1			
1	Laem Ling	12°12.3′	102°16.7′
2	Ko Chang Noi	12°09.6′	102°14.9′
3	Hin Rap	12°03.1′	102°14.5′
4	Hin Luk Bat	11°56.7′	102°17.2′
5	Ko Rang	11°46.6′	102°23.2′
6	Hin Bang Bao	11°35.8′	102°32.0′
7	Ko Kut	11°33.6′	102°35.7′
8	泰国与柬埔寨边界点	——	——

区域 2			
1	Laem Yai	10°53.7′	99°31.4′
2	Ko Ran Khai	10°47.8′	99°32.6′
3	Ko Ran Pet	10°46.5′	99°32.2′
4	Ko Khai	10°41.8′	99°24.8′
5	Ko Chorakhe	10°33.6′	99°25.2′
6	Hin Lak Ngam	10°30.0′	99°25.6′
7	Ko Tao	10°07.5′	99°50.7′
8	Hin Bai	09°56.6′	99°59.7′
9	Ko Kong Thansadet	09°45.8′	100°04.7′
10	Ko Phangan	09°49.0′	100°05.2′
11	Ko Kong Ok	09°36.1′	100°05.8′

续 表

12	Ko Mat Lang	09°32.0′	100°05.3′
13	Ko Samui	09°28.3′	100°04.7′
14	Hin Ang Wang	09°23.4′	100°01.8′
15	Ko Rap	09°17.9′	99°57.8′
16	Laem Na Tham	09°12.4′	99°53.2′

区域 3			
1	Ko Phuket	07°46.5′	98°17.5′
2	Ko Kaeo Noi	07°43.9′	98°18.0′
3	Ko Hi	07°44.0′	98°21.7′
4	Ko Mai Thon	07°44.9′	98°28.7′
5	Ko Kai	07°44.6′	98°37.1′
6	Ko Bida Nok	07°39.2′	98°46.2′
7	Ko Ha	07°36.6′	92°52.1′
8	Ko Lanta Yai	07°27.8′	99°06.0′
9	Ko Ngai	07°23.8′	99°12.1′
10	Ko Kradan	07°17.7′	99°15.4′
11	Ko Khwang	07°13.3′	99°21.7′
12	Ko Beng	07°04.3′	99°29.7′
13	Hin Baewa	07°03.7′	99°24.0′
14	Ko Tului Yai	07°00.9′	99°26.3′
15	Ko Ta Dai	06°58.8′	99°28.7′
16	Ko Ayam	06°47.6′	99°30.1′
17	Hin Osbon	06°38.8′	99°32.5′
18	Ko Tarutao	06°30.2′	99°39.1′
19	Hin Bai	06°30.0′	99°42.1′
20	Ko Koi Yai	06°33.9′	99°50.7′
21	Ko Lima	06°32.2′	99°57.4′
22	Ko Khuning	06°26.7′	100°08.7′
23	Ko Prasmana	06°25.4′	100°05.2′
24	泰国与马来西亚的边界		

确定泰王国专属经济区的皇家声明

（1981年2月23日）

根据国王陛下的皇家命令，兹宣布：

为行使泰王国勘探和开发海洋中的生物和非生物自然资源的主权权利的目的，确定泰王国的专属经济区如下：

1. 泰王国的专属经济区是一个邻接领海并在领海之外的区域，其宽度为从测量领海宽度的基线量起200海里。

2. 在专属经济区内，泰王国享有：

（1）为勘探、开发、养护和管理海床、底土、上覆水域的生物和非生物的自然资源，以及其他经济性的勘探和开发该区域的其他活动，如利用海水、海流和风力生产能的活动。

（2）有关以下事项的司法管辖权：

①建造和使用人工岛屿、设备和结构；

②海洋科学研究；

③保护海洋环境。

（3）其他根据国际法可以行使的权利。

3. 在专属经济区内，航行、飞越以及铺设海底电缆和管道的自由应根据国际法进行调整。

4. 在任何情况下，当泰王国的专属经济区与另一海岸国的专属经济区相邻或相向时，泰王国的政府将与相关的沿岸国协商，以划定他们各自的专属经济区。

泰国历2524年2月23日（公元1981年2月23日——译者注），当前政府第三十六年宣布。

宣布在泰国海湾建立邻接马来西亚专属经济区的泰王国专属经济区

（1988 年 2 月 18 日）

通过国王陛下的皇家命令，特此宣布：

鉴于泰国历 2524 年 2 月 23 日（公元 1981 年 2 月 23 日 —— 译者注）泰王国发布了建立泰王国专属经济区的宣言，宣布泰王国专属经济区是泰王国领海之外并邻接领海的区域，其宽度为从用于测算领海宽度的基线量起 200 海里的距离。

在此，依据普遍接受的国际法原则进一步宣布，在泰国海湾邻接马来西亚专属经济区的泰王国专属经济区的外部界限由连接以下各地理坐标的各条线构成：

编号	纬度	经度
1	6°14′5″	102°05′6″
2	6°27′5″	102°10′0″
3	6°27′8″	102°09′6″
4	6°50′0″	102°21′2″
5	6°53′0″	102°34′0″
6	6°03′0″	103°06′0″
7	6°20′0″	103°39′5″
8	7°22′0″	103°42′5″

上述专属经济区的外部界限标明在所附地图上。

宣布日期为泰国历 2531 年 2 月 16 日（公元 1988 年 2 月 16 日 —— 译者注），当前政府的第四十三年。

签署

General Prem Tinsulanonda

总理

确立泰王国在安达曼海（Andaman Sea）专属经济区的宣告

（1988年7月18日）

通过国王陛下的皇家命令，特此宣布：

鉴于泰国历2524年（公元1981年——译者注）2月23日泰王国发布了建立泰王国专属经济区的宣言，宣布泰王国专属经济区是泰王国领海之外并邻接领海的区域，其宽度为从用于测算领海宽度的基线量起200海里的距离。

在此，依据普遍接受的国际法原则进一步宣布，在安达曼海的泰王国专属经济区的外部界限由连接以下各地理坐标的各条线构成：

编号	纬度	经度
1	6°28′30″	99°39′22″
2	6°30′12″	99°33′24″
3	6°28′54″	99°30′42″
4	6°18′24″	99°27′30″
5	6°16′18″	99°19′18″
6	6°18′00″	99°06′42″
7	6°57′00″	98°01′30″
8	6°21′48″	97°54′00″
9	7°06′48″	96°36′30″
10	7°46′06″	95°33′06″
11	7°47′00″	95°31′48″
12	7°48′00″	95°32′48″
13	7°57′30″	95°41′48″
14	8°09′54″	95°39′16″
15	8°13′47″	95°39′11″
16	8°45′11″	95°37′42″
17	8°48′04″	95°37′40″
18	9°17′18″	95°36′32″
19	9°38′00″	95°35′25″

20	9°45′30″	96°29′35″
21	9°40′35″	97°26′36″
22	9°37′24″	97°37′36″
23	9°36′02″	97°43′29″
24	9°35′39″	97°45′29″
25	9°34′54″	97°51′12″
26	9°34′29″	97°52′10″
27	9°32′15″	97°56′20″

上述专属经济区的外部界限标明在所附地图上。

宣布日期为泰国历 2531 年 2 月 16 日(公元 1988 年 2 月 16 日 —— 译者注),当前政府的第四十三年。

签署

General Prem Tinsulanonda

总理

总理办公室关于泰国直线基线与内水的公告

(1992 年 8 月 11 日)

鉴于 1970 年 6 月 11 日总理办公室《关于泰国直线基线与内水的公告》做出的确认泰国的直线基线和内水的地位;

鉴于上述公告中存在某些错误;

鉴于上述公告中一个岛屿的名称现在已经改变;

内阁通过 1992 年 8 月 11 日的决定,已经对上述公告做出如下修改:

1. 1970 年 6 月 11 日,总理办公室《关于泰国直线基线与内水的公告》中区域 3 的目录 5、目录 12、目录 22 的地理名称和地理坐标在此被下面的内容取代:

目 录	地理名称	地理坐标	
		北 纬	东 经
5	Ko Kai	07°44.6′	98°37.1′
12	Ko Bulaobot	07°04.3′	99°23.7′
22	Ko Khuning	06°26.7′	100°03.7′

2. 作为本声明附件的地图取代1970年6月11日总理办公室《关于泰国直线基线与内水的公告》附件的地图。

（地图缺失——译者注）

建立泰王国毗连区的皇家声明
（1995年8月14日）

根据国王陛下的皇家命令，声明如下：

为行使泰王国对基于广泛承认的国际法原则的毗连区的权利，应当按照以下方式确定泰王国的毗连区：

1. 泰王国的毗连区是毗连泰王国的领海并在领海之外的区域，其宽度为从测量领海宽度的领海基线开始量起24海里。

2. 在毗连区内，泰王国在必要时应：

（1）预防违反海关、财政、移民或者安全的法律和法规的行为，这些行为将要或可能在王国或其领海发生；

（2）对违反（1）款中规定的法律和法规的行为的惩罚，这些行为在王国或其领海内发生。

泰国历2538年8月14日（公元1995年8月14日——译者注），当前政府第四十九年宣布。

总理办公室关于泰国区域 4 的直线基线与内水的公告

（1992 年 8 月 17 日）

鉴于 1970 年 6 月 11 日总理办公室《关于泰国直线基线与内水的公告》在政府公报上公布，1970 年 6 月 12 日的第 87 特别卷第 52 章宣布了泰国在 3 个区域的直线基线和内水。

鉴于议会认为应当宣布泰国在其他区域的直线基线和内水，根据普遍接受的国际法原则，区域 4 界定如下：

目 录	地理名称	地理坐标	
		北 纬	东 经
1	Ko Kong Ok	9°36′06″	100°05′48″
2	Ko Kra	8°23′49″	100°44′13″
3	Ko Losin	7°19′54″	101°59′54″
4	泰国与马来西亚的边界	6°14′30″	102°05′36″

在任何地方，上文提到的直线基线内的水域，为泰国的内水。

泰国区域 4 内直线基线和内水的详情标示在作为本声明附件的地图上。1992 年 8 月 17 日公告。（地图缺失 —— 译者注）

泰国外交部关于泰国皇家政府在领海无害通过权问题上的立场声明

外交部注意到，一些国家现在已经颁布了限制外国船舶在其海域的通过权利和航行自由的法律和法规。外交部希望就下列事项明确泰国皇家政府的立场：

1. 根据已经建立的国际习惯法规则和《1982 年联合国海洋法公约》承认和编纂的国家实践，所有国家的船舶享有：在领海无害通过的权利；在用于国际航行的海峡的过境通行权，以及在其他国家的专属经济区内的航行自由。

2. 所有的外国船舶，包括军舰、商船和渔船，可以在未事先通知，或未获得有关通过的海洋国家的事先许可、赞成或同意的情况下，行使此类权利和自由。

3. 任何试图限制上述权利和自由的法律和法规都与国际习惯法相冲突，并且与国家签署《1982 年联合海洋法公约》时所承担的义务相违背。

由于这些原因，泰国皇家政府有义务声明：泰国认为其不受制于有问题的法律和法规。同时，希望那些颁布此类法律和法规的国家将不会采取任何实际措施，以任何方式阻碍或干预外国船舶合法行使在领海的无害通过权，在用于国际航行的海峡的过境通行权或者在其他国家专属经济区内的航行自由。

东 帝 汶
Timor-Leste

（英文文本截止于 2009 年 1 月 16 日）

东帝汶民主共和国领土的海洋边界法
（国家议会第 7/2002 号法律，2002 年 7 月 23 日）

《东帝汶民主共和国宪法》（以下简称《宪法》）第四条中规定，法律必须设立和定义领海、专属经济区的范围和界限，以及东帝汶在毗连区和大陆架的权利。

《宪法》进一步规定，即使这些事项由政府建议，也仍应属于国家议会的专属立法权限（第九十七条第 1 款 c 项和第一百一十五条第 2 款 a 项）。

根据《宪法》第九十二条和第九十五条第 2 款 b 项的规定，国家议会颁布以下规定，其应具有法律的效力：

第一条　定义

为本法之目的：

（1）"基线" 指本法第二条和第三条规定的，据以测量领海宽度的基线；

（2）"毗连区" 指本法第六条规定的东帝汶的毗连区；

（3）"大陆架" 指本法第八条规定的东帝汶的大陆架；

（4）"东帝汶的领土" 指帝汶岛（Timor Island）的东部、Oe-Cusse Ambeno 的飞地、Ataúro 的岛屿、Jaco 的群岛，以及其他岛屿和构成容许占有

的属地的自然地形;

（5）“专属经济区”指依据本法第七条建立的,在东帝汶的领海之外并与之邻接的海域;

（6）“内水”指本法第四条提及的构成东帝汶领土的内水;

（7）“低潮线”指东帝汶领土海岸的低潮线,标示在经东帝汶政府承认的官方大比例尺的海图上;

（8）“部长”指由总理指定,主管东帝汶海洋空间和边界及其管辖权事务的部长;

（9）“海里”指国际海里,相当于 1852 米;

（10）“领海”指本法第五条提及的东帝汶领海。

第二条 正常基线

1. 在不妨碍第三条规定的情况下,测量东帝汶领海宽度的正常基线应是东帝汶领土海岸的低潮线。

2. 构成海港体系组成部分的最外部永久海港工程应视为海岸的一部分。

第三条 河流和海湾

1. 如果河流直接流入海洋,基线应是一条在两岸低潮线上两点之间横越河口的直线。

2. 在不妨碍可适用的国际法规则的情况下,如果海岸的水曲构成海湾,基线是海湾自然入口两端低潮标之间的直线段。

3. 上述第 2 款不应适用于“历史性海湾”,而且部长可以宣布某一海湾为“历史性海湾”,并且确定该海湾的外部界限。

第四条 内水

东帝汶领土的内水外部界限应是测量东帝汶领海宽度的基线。

第五条 领海

东帝汶领海的外部界限应按照一条其各点与基线最近点均距离 12 海里的线划定。

第六条 毗连区

东帝汶毗连区的外部界限应按照一条其上各点均与基线最近点距离 24 海里的线划定。

第七条 专属经济区

东帝汶专属经济区的外部界限应按照一条其上各点均与基线最近点距离 200 海里的线划定。

第八条 大陆架

东帝汶大陆架的外部界限应按照一条其上各点均与基线最近点距离 200 海里的线划定,在大陆边从基线量起超过 200 海里的情形下,按照大陆边的外缘划定。

第九条 对海域重叠的权利主张

在不妨碍本法第五条至第八条规定的情况下,如果东帝汶与邻国对海域的权利主张重叠,划界应依据《联合国宪章》第三十三条,并考虑与海域划界有关的国际法原则和规则,通过和平争端解决的方式达成。

第十条 主权、主权权利和管辖权

1. 东帝汶国的主权应在其领土和内水之外及于领海、领海上空,以及领海的海床和底土。

2. 在毗连区内,东帝汶国应进行必要的管制:

(1)防止在其领土或领海内违反其海关、财政、移民或卫生的法律和规章;

(2)惩治在其领土或领海内违反上述法律和规章的行为。

3. 在专属经济区内,东帝汶国应享有:

(1)以勘探和利用、养护和管理海床上覆水域和海床及其底土的自然资源(不论为生物或非生物资源)为目的的主权权利,以及有关旨在为经济目的开发和利用东帝汶专属经济区,如利用海水、海流和风力生产能等其他活动的主权权利;

(2)有关下列事项的管辖权:

①人工岛屿、设施和结构的建造和使用;

②海洋科学研究;

③海洋环境的保护和保全;

(3)国际法承认的其他权利和义务。

4. 东帝汶国应对大陆架行使以开发和利用大陆架自然资源为目的的主权权利,以及国际法承认的其他权利。

5. 东帝汶国对大陆架行使的主权权利不依赖于其现实的或观念上的占

有或任何明示的宣告。

第十一条 海图和地理坐标

只要以下第十二条中提及的国际法律文件为国内法律体系所接受,国家议会应在合理的时间内,通过建议或法案,准备足以确定外部界线的位置以及划定领海、专属经济区和大陆架界限的大比例尺海图,或者,可以特别标明那些线的大地基准点的地理坐标表。这种海图或地理坐标表应妥为公布,并且应将各该海图和坐标表的副本交存于联合国秘书长处。

第十二条 国际法

国家的主管机关应在合理的时间内,通过适当的宪法和法律机制,促进同意加入或批准海洋法领域内的条约、公约、协定和议定书,特别是 1982 年 12 月 10 日在蒙特哥湾达成的《联合国海洋法公约》,以及《1982 年 12 月 10 日〈联合国海洋法公约〉第十一部分的执行协定》。

第十三条 生效

本法自 2002 年 5 月 20 日起生效。

于 2002 年 7 月 23 日通过。

国家议会发言人

Francisco Guterres 'Lú-Olo'

于 2002 年 8 月 24 日宣布

共和国总统

José Alexandre Gusmão 'Kay Rala Xanana Gusmão'

土耳其
Turkey

（英文文本截止于 2010 年 9 月 10 日）

土耳其共和国领海第 2674 号法案
（1982 年 5 月 20 日）

第一条

土耳其共和国的主权及于其陆地领土之外的领海。

领海的宽度为 6 海里。

依据考虑到的所有特殊环境和有关情况并遵循公平原则所做的保留，部长理事会有权在某些海域确定超过 6 海里的领海宽度。

第二条

土耳其与其他相邻或相向国家的领海划界可以通过协议确定。

上述协议应基于公平原则并考虑到该地区的所有特殊环境和情况而缔结。

第三条

部长理事会应确定测量领海宽度的基线。

第四条

基线向陆地一侧的水域和海湾中的水域为土耳其共和国的内水。永久性海港工程被认为是海岸的组成部分，那些最外部的离岸设施向陆地一侧的水域为内水。

第五条

测量领海宽度并作为内水外部界限的基线应在官方大比例尺海图上标示。

第六条

废除与本法案相冲突的1964年5月15日第476号法案以及其他法案的条文。

…………（原文如此——译者注）

第八条

本法将由部长理事会负责实施。

第8/4742号部长会议法令

行使1982年5月20日第2674号法案授予的权力，并基于1982年5月26日从外交部获得的MIGM-MIGM-Ⅲ-L365-9L7号通讯，特此决定：鉴于土耳其周围海洋的特征和公平原则，在上述有关领海宽度的法律生效之前，在黑海和地中海普遍存在的情势将维持不变。

部长理事会第86/11264号法令
（1986年12月17日）

第一条

建立土耳其在黑海的专属经济区是为了勘探、开发、养护和管理邻接土耳其领海的海洋区域的海床和底土及其上覆水域的生物和非生物的资源，并保护其他土耳其共和国的经济利益。它从测量土耳其领海宽度的基线起在海洋中延伸200海里。

考虑到黑海的宽度,应与土耳其海岸相向或相邻的国家签订划界协定来确定专属经济区的界限。

该协定应通过谈判才能有效。为达公平结果,应考虑土耳其立法与公平原则。土耳其之前达成的关于黑海海洋区域划界的协议不受影响。

第二条

1. 土耳其在黑海的专属经济区内,在享有其他权利的同时,还享有主权权利:

(1)为了勘探、开发、养护和管理邻接土耳其领海的海洋区域的海床和底土及其上覆水域中的生物和非生物资源的目的。

(2)有关为经济性勘探和开发而进行的其他活动,包括利用海水、海流和风力生产能。

2. 土耳其对以下事项享有排他性权利和管辖权:

(1)为经济目的,海洋科学研究及保护与保全海洋环境的目的而建造和使用人工岛屿、设施和结构。有建造并授权和规范其建造、操作和使用的专属权利,包括有关海关、财政、卫生、安全和移民的法律法规的管辖权。

(2)进行、授权和管理海洋科学研究。

(3)为保护和保全海洋环境并预防、减少和控制海洋污染制定必要的规章和控制程序。

3. 有关上述列举权利和管辖权的行使及安排受本法规定的规则和程序以及相关土耳其立法的限制。外国船舶在土耳其黑海的专属经济区捕鱼应根据土耳其与相关国家之间的协议调整。

第三条

在土耳其黑海的专属经济区内,其他国家的船舶应享有航行自由,其他国家的飞机享有飞越自由。同时,其他国家在该区域内应享有铺设海底电缆和管道的自由。

但是,在行使这些自由时,应遵循土耳其的立法和一般惯例。

第四条

本法令自颁布之日起生效。

第五条

本法令应由部长理事会负责实施。

土耳其海峡和马尔马拉海地区海上交通法规

（1994年7月1日生效）

第一部分 目的、范围及定义

第一条 目的和范围

制定这些适用于土耳其海峡和马尔马拉海海域航行的所有船舶的法规的目的，是规范海上交通以确保航行、人命和财产的安全并保护该地区的环境。

第二条 定义

为这些法规的目的：

（1）“行政部门”指 T.C. Basbakanlik Den izcilik Müstesarligi（处于海洋事务的秘书处之下）；

（2）“海峡和马尔马拉海地区”指组成马尔马拉海（Sea of Marmara）的海洋区域、伊斯坦布尔海峡（博斯普鲁斯海峡）[Strait of Istanbul（Bosphorus）]、恰纳卡莱海峡（达达尼尔海峡）[Strait of Canakkale（Dardanelles）]，以及环绕该区域的海岸线；

（3）“海峡”指在伊斯坦布尔海峡和恰纳卡莱海峡的边界以内的区域；

（4）“船舶”指任何能在海洋中航行的工具，但用桨划的船除外；

（5）“过境船舶”指无害、持续、快速并且毫不延迟地通过的船舶。应规范在海峡和马尔马拉地区的通行以保证不在任何港口、锚位或任何其他地方停留，并且应由船长在进入海峡前通知土耳其当局；

（6）“中断过境通行船舶”指船长或指挥官在通行中告知已经放弃通行的船舶；

（7）“过境通行中断的船舶”指由于海上事故，如碰撞和搁浅，或者因为其他原因而被土耳其政府行政或法律当局进行调查、行使法律程序和询问的船舶；

（8）核动力船舶或任何运载核物质、有害及危险品的船舶指：

①任何核动力船舶或任何运载核物质、有害及危险品的船舶，军用船舶除外；

②运载由国际海事组织归为危险物品（包括石油及其衍生物）的货物的船舶和被建造为或用于运载经《1978 年议定书》修订的《1973 年为防止船舶污染国际公约》（MARPOL 73/78）及其附件认定为污染物的船舶，并且这些船舶没有对消除此类物质危险进行必要操作；

③运载国际条约和国内立法界定为核物质、危险的和有毒废物的船舶；

（9）“深吃水船舶”指最大吃水小于 10 米的船舶；

（10）“大型船舶”指长度大于 150 米的船舶；

（11）“牵引总长度”指当全速向前航行时，拖船的船头和被拖船的船尾之间的距离或者推动船的牵引与被推动船的船头之间的距离；

（12）“伊斯坦布尔海峡的北入口”指联结 Anadolu 灯塔与 Turkeli 灯塔的线；

（13）“伊斯坦布尔海峡的南入口”指联结 Ahirkapi 灯塔与 Kadikoy Inciburnu 防波堤灯塔的线；

（14）“恰纳卡莱海峡的北入口”指通过 Zincirbozan 灯塔的经线；

（15）“恰纳卡莱海峡的南入口”指联结 Mehmetcik 角的灯塔和 Kumkale 的灯塔之间的线；

（16）“白天”指日出和日落之间的期间；

（17）“夜晚”指日落和日出之间的期间。

第二部分　一般规定

第三条　边界

适用于海峡和马尔马拉海区域的分道通航制的边界为：

在北部，为联结以下各点的该地区的北部边界：

北纬 41°16′　　东经 028°55′

北纬 41°21′　　东经 028°55′

北纬 41°21′　　东经 029°16′

北纬 41°14′　　东经 029°16′

在南部，为联结以下各点的该地区的南部边界：

北纬 40°05′　　东经 026°11′

北纬 40°02′　　东经 025°55′

北纬 39°50′　　东经 025°53′

北纬 39°44′　　东经 025°55′

北纬 39°44′　　东经 026°09′

第四条　分道通航制

在海峡和马尔马拉海地区采用附件 1 中规定的分道通航制。

第五条　政府的权限

所有航行于海峡和马尔马拉海的船舶应遵守政府为保证人命、财产安全所颁布或者即将颁布的航行规则,只要这些规则不违反现行法规和政府的警告。

第六条　通过海峡的船舶的技术规范和船舶通知

1. 所有航行通过伊斯坦布尔海峡和恰纳卡莱海峡的船舶根据国际法的规则以及船旗国的法律应具有适航性。

2. 在制定第八条所提到的航行计划 II 前,除军舰外的船舶的船长应确定其船舶的技术规范符合以下条件并将其记入日志中。

(1)主要的和辅助的机械单位应运作如常并随时准备操纵;

(2)紧急发电机应随之准备操作;

(3)主要的和辅助的舵机、陀螺罗盘和雷达应运作如常;

(4)导航桥转(Navigation bridge R.P.M)、方向盘和螺距指示器(pitch indicator)应具可操作性并有照明;

(5)航行灯和船舶的汽笛应具有可操作性,驾驶室的设备应当完备;

(6)所有的通信系统,特别是那些在船舶驾驶室与船头、船尾之间,方向盘与发动机控制室之间的通信系统,以及所有将运作的警报系统应具有可操作性;

(7)超高频无线电话设备应可全面运作;

(8)应在驾驶室内准备好投影仪和至少一副双筒望远镜以备昼夜使用;

(9)起锚机及其运行索具应准备好使用,并且两个锚应准备好由站在其侧的船员将其放下;

(10)运载危险品的船舶的船头和船尾应有一个应急消防网,而那些运载危险品的船舶之外的船舶的船头和船尾应有拖带锚链和牵引线;

（11）船舶不应调整船尾以至于影响操纵和督导的能力，并且船舶不得调整船头进入海峡；

（12）船舶应尽可能地调整以使螺旋桨完全位于水平面以下，并在必要时应位于水平面上的螺旋桨的叶片不超过螺旋桨直径的百分之五；

（13）船舶的调整和装载要方便从驾驶室看到船头和海；

（14）每艘船舶应有这些规章和海峡区域的最新版本的海图；

（15）船上雇佣的所有船员应按照海员的培训、发证和执勤标准的国际公约（STCW-78）行事。

不遵守上述条件的船舶的船长应当通知交通控制中心。行政部门应对不遵守上述条件的船舶采取第十条第二段中规定的措施。

第七条 航行计划 I

运载危险品且运载总量为 500 吨以上的船舶的船长、所有人或代理人在船舶进入伊斯坦布尔海峡和恰纳卡莱海峡入口前 24 小时，应当提交由行政部门确定的航行计划 I。

提交给交通控制中心的航行计划 I 应包括以下信息：

（1）船舶名称；

（2）船舶旗帜；

（3）呼叫信号；

（4）吨位；

（5）起运港；

（6）到达港；

（7）货物；

（8）是否需要引航员；

（9）不利于航行的船舶的缺陷；

（10）其他信息。

运载危险品的船舶和运载总量为 500 吨以上的船舶离开马尔马拉地区的港口时应在离开前 6 小时内报告航行计划 I。

第八条 航行计划 II

提交航行计划 I 并确定船舶遵守了第六条规定的条件的船长应当在船舶到达海峡入口前 2 小时内，或距离海峡入口 20 海里（NM）时提交航行计划II,以先者算。

通过高频无线电话设备提交给交通控制中心的航行计划II应包括以下信息：

(1)船舶的名称；

(2)船舶的旗帜；

(3)呼叫信号；

(4)船舶位置；

(5)预计到达海峡入口的时间；

(6)是否需要引航员；

(7)影响船舶驾驶的不利方面；

(8)其他信息。

在提交航行计划II之后,船舶航行应考虑交通控制中心提供的信息。有关海峡中交通的信息以及航行计划II已经提交的事实都应在航行日志中有所记载。

第九条 位置报告

超过20米长的船舶在其距海峡入口5海里处时,应当通过超高频无线电向位于邻近一端的交通控制中心发送由行政部门确定的,包含识别船舶必要信息的位置报告。

第十条 进入海峡前失去技术能力的船舶发出通知

无论因何种原因而丧失技术能力或者导航设备在进入海峡前无法运作,应通过电报、电话、传真或高频无线电话设备提供相关信息。

相关港口管理局将通过交通控制中心指明船舶在修理的过程中应在何处等候。如果在维修和调查之后,航行设备事故不断,船舶航行应采用一种政府在考虑到航行安全的情况下所决定的方式通过海峡。

第十一条 交通控制中心和交通控制站

为了执行和控制分道通航制度和报告制度的运作,行政部门可以建立一个交通控制中心和一些交通控制站。

第十二条 引航标志

船舶白天航行通过海峡和马尔马拉海区域应升起一面带有字母“H”的信号旗。

第十三条 交通标志

白天通过海峡和马尔马拉海的船舶在航行中或抛锚时应升起一面带有字母“T”的信号旗。它们在晚上将会呈现360度水平弧度的绿色可见光。

过境通行中断或者已经中断的船舶不应显示其交通标志。

第十四条 过境船舶停泊的条件

通过海峡和马尔马拉地区的船舶可以停留48个小时以便从第二十七条所规定的地点获得必要的供给。在此类情形下,它们应获得港口管理局的批准,并在没有自由入港许可的情况下处于有关当局的监视之下。

在停留期间允许进行以下活动:

(1)如果船舶有故障:将专家、机器和工人带至船舶以检查并修复该故障;

(2)船舶代理人登临;

(3)船主或一个船员登陆为船舶购买必需品;

(4)任何生病船员登陆;

(5)雇佣新船员以代替任何住院的船员。

在港口停留48个小时以上的通过中的船舶应在指定的锚地抛锚,并获得自由入港许可。中断航行抛锚的船舶应受为安全、海关的原因所必要的所有控制和程序以及其他立法的限制。

第三部分 海峡通过

第十五条 通过的程序

船长应保证在通过海峡时,未经授权的人员不得进入航行驾驶室、海图室和翼舱,并且不得阻碍船员控制船舶并在其附近巡逻的能力。

无论机械控制是否在主控制室,有授权的人员在履行职责时都可以在主控制室。

通过海峡时,操舵装置将由人工控制;不得使用自动引航系统。紧急驾驶设备也须准备就绪以备当值人员即时使用。

第十六条 稳定的驾驶灯

船头与其驾驶室的距离大于150米的船舶以及驾驶室非常接近船头的船舶在夜间应在船头安装一盏蓝色或绿色的只在驾驶室可见的稳定的驾驶灯。

第十七条 速度

在海峡与陆地有关的区域正常速度为每小时10海里。如不能实现转舵，通过向交通控制站发送信息并谨慎避免碰撞和引起对环境有害的波浪，可以超过该速度。

第十八条 超船

在海峡中航行的船舶不能超过在其前方航行的船舶，必要时除外。

（1）航行通过海峡的船舶相互之间应保持至少8链（链，海上测距单位，相当于十分之一海里——译者注）的距离。

（2）如果由于任何原因，船舶在航行通过海峡时即将减速，应当首先通知在其后方航行的船舶。

（3）以自身最低速度航行的船舶要保持在其交通分航道的最右侧并允许更快的船舶超越。

（4）当船舶需要超越另一个在其前面的船舶时，它应首先从交通控制站获得一份交通报告，并且如果情况明确，应告知将要被超越的船舶。如果可能，该超越船应不改变原航道。

（5）超越船不能发生在伊斯坦布尔海峡的Vanikoy和Kanlica之间，也不能发生在恰纳卡莱海峡的Nara角和Kilitbahir角之间。

第十九条 中途事故和故障

海峡过境通行中的船舶由于事故、故障或者强制性抛锚而中断航行，应迅速通知交通控制中心并要求建议和指示。在相关的港务局考虑到船舶和区域的安全而采取措施之后，船舶应当有一名引航员并采取为完成通行所需的行动。

第二十条 不受控制的船舶

《1972年国际海上避碰规则公约》中所界定的“不受控制的船舶”或者“演习能力受限的船舶”，其能否通过海峡取决于政府的特别许可。

如果船舶在通过过程中成为“不受控制的”，船主应当立即通知交通控制站并听从其获得的指示。

第二十一条 牵引操作

船舶或者任何其他物体只可以由有足够动力的合适的拉船牵引着通过海峡。一艘船舶不能被另一艘船舶牵引着通过。

（1）在进入海峡之前，牵引的长度将被适当地缩短。

（2）政府可以采取必要措施保证总长不超过 150 米的船舶及其牵引保持其航线。

（3）在船舶或者被牵引的物体上，应保持足够长度的额外降线（Hailing Line）和必要的船员，以便在受阻时及时替换牵引缆索。

（4）如有可能，螺旋桨和被牵引的船舶的掌舵设备应保持使用状态。

第二十二条 在海峡中离开港口的船舶

在海峡中离开港口、码头或者抛锚处之前，船舶将通知交通控制站并获得有关交通运行的必要信息。

此类船舶进入海峡航行前要等待交通畅通。

第二十三条 离开交通分道制

为了停泊到浮标处停靠、抛锚、折转或因为故障和其他意外情况而要脱离交通分道制的船舶应通知交通控制站以及任何其他可能在附近的船舶。

第二十四条 因强制性情形而暂停交通

在海峡中的海上交通可以由政府根据包括地下水工程、演习、消防、科学和体育活动、海上营救和救援行动、预防和消除海洋污染、逮捕罪犯、事故和类似情形临时性暂停。

交通的暂停和开通将由相关的港务局和交通控制站向船舶及相关个人宣布。

海峡在临时性关闭后再次开放时，待航船舶进入海峡的命令将由交通控制站决定并通知船舶。

第二十五条 在航道内航行的义务

船舶必须在指定的交通航道内航行。穿过航道的船舶可以根据关于港口的第 618 号法案第十一条被处以罚款，同时被提请国际航海组织和船旗国注意。

第二十六条 深吃水船舶

在海峡中航行的深吃水船舶在晚上应在 360 度的水平弧度范围内可见的垂直线上展示 3 个灯，在白天展示一个从所有角度都可见的圆柱体形状的信号。

海峡中的其他船舶不应阻止深吃水船舶的移动，并应为其航行提供足够的空间。在交通分道制的交叉点和转弯点,海峡中的其他船舶应保持深吃水船舶的航线畅通。

第二十七条 下锚位置

交通分道制的下锚位置如下:

(1)伊斯坦布尔海峡北入口的下锚位置在附件2中。

(2)伊斯坦布尔海峡南入口的下锚位置在附件3中。

(3)恰纳卡莱海峡北入口的下锚位置在附件4中。

(4)恰纳卡莱海峡中的Karanlik港的下锚位置在附件5中。船舶应当由一个引航员操作在此下锚或离开。

(5)恰纳卡莱海峡南入口的下锚位置在附件6中。下锚船舶将保证他们停留在下锚区域范围之内。

禁止在距离这些下锚位置附近的海岸2.5链的范围内下锚。

第二十八条 特别规定

本部分条文适用于伊斯坦布尔海峡和恰纳卡莱海峡,但不影响有关这两个海峡的特别规定。

第四部分 对海峡和马拉马尔海的共同规定

第二十九条 大型船舶

计划通过海峡的大型船舶的所有人或管理人应在计划通过阶段向行政部门提供关于船舶及其货物的信息。行政部门在考虑到海峡的物理特征、船舶的尺寸、移动能力、人命安全、财产、环境和航海交通条件后,应向申请者告知其审查结果。

第三十条 核动力船舶或携带核物质、危险或有害物品或者废物的船舶

为航行通过海峡和马尔马拉区域,计划通过海峡和马尔马拉区域的核动力船舶或携带核物质或者废物的船舶必须在计划阶段根据相关规定从海洋航行事务秘书处获得许可。携带危险或有害废物的船舶必须在计划阶段从环境部获得许可。

其通过需要特别许可的携带危险物品的船舶、核动力船舶或者携带核物质的船舶以及携带核物质、危险或有害废物的船舶必须遵守国际海事组织的

规定,并根据这些规定运输他们的物质。

此类船舶在白天和夜晚将展示一个带有字母“B”的信号旗,一个360度的水平弧度上可见的红灯。

第三十一条 需要配备引航员的船舶

通过海峡的长度为150米以上的土耳其船舶应当为航行、人命、财产和环境的安全而配备一个引航员。

建议外国船舶为安全目的配备一个引航员。

行政部门可以在海峡和马尔马拉海的特定区域为运输船舶之外的船舶确定强制性的引航要求。

第三十二条 不规则的下锚处

根据分道通航制航行的船舶在没有提交通知而获得许可在港区或码头下锚、停泊或者停靠在码头处时,应由引航员和相关港务局提供的牵引船舶移走。此类操作的费用将由船舶所有人、船舶的管理人或代理人支付。

船舶在分道通航制下不得下锚,紧急情况除外。在船舶由于情况紧急必须下锚时,应迅速通知交通控制站。此后,行政部门将通过引航员和牵引船将船舶移到安全地点,以便疏通分道通航。此类操作的费用将由船舶所有人、船舶的管理人或代理人支付。

第三十三条 环境污染的禁止

不得向海峡和马尔马拉海的海洋中倾倒或排放任何废物、垃圾、废水、生活的或工业的废物,生态学上的有害或者不卫生的物质、油类和其他污染物。

在海峡和马尔马拉区域内的船舶必须采取任何措施避免空气污染。

第三十四条 帆船和划桨船舶的禁止

在分道通航制下,禁止利用帆和桨航行、游泳或者捕鱼。类似帆船运动、划船和游泳的体育运动需要获得特许。

第三十五条 通知要求和报告

(1)在海峡和马尔马拉区域中的船舶的船长要将任何诸如疾病、病害、伤害或死亡的事件通知交通控制站以转送相关当局。

(2)注意到船舶不遵守规定或者不适当航行的引航员、交通控制站的人员、船长和公共官员应迅速向相关的港务局报告该事件,并于24小时内呈交书面报告。相关的港务局将立即采取必要行动并启动与船舶及其船长的法律程序。

(3)引航员要通知交通控制站任何有关其引航的船上发生的海上事故以及其在途中可能发现的有害于航海安全的任何情形,并应向相关的港务局提交书面的报告。

第五部分　关于伊斯坦布尔海峡的规定

第三十六条　交通分航制区域的分界线

伊斯坦布尔海峡的交通分航制的界限是:

北部的坐标是:

北纬 41°16′,东经 028°55′　　北纬 41°21′,东经 028°55′

北纬 41°21′,东经 029°16′　　北纬 41°14′,东经 029°16′

南部的坐标是:

连接距离 Baba 角(Büyükcekmece)海岸南部 2 米的位置和 Yelkenkaya 灯塔的线。

第三十七条　呼叫点报告

进入伊斯坦布尔海峡的长度大于 20 米的船舶应通过高频无线电提交一个呼叫点报告。报告的内容和位置将由行政部门决定。

第三十八条　净空高度

在伊斯坦布尔海峡的分道通航制下航行的船舶应对海峡上的桥梁的航行警告灯给予全面的适当注意。

高度为 58 米以上的船舶不能通过伊斯坦布尔海峡。

净空高度处于 54 米与 58 米之间的船舶要由行政部门确定的足够多的牵引船护送以保证它们保持在其航道上。

第三十九条　本地海上交通

在北边从 Türkeli 灯塔到 Anadolu 灯塔之间,在南边从 Ahirkapi 灯塔到 Inciburnu 防波堤灯塔 Kadikoy 之间的连线所界定的区域内,航行于海峡的两岸之间的城市间渡轮和其他船舶应尽可能迅速地穿过交通分航道。此类船舶将避免通过从黑海向马尔马拉海的航线或者相反的航线,并注意避让。在有碰撞的危险的情况下,船舶应根据《1972 年国际海上避碰规则公约》采取行动。

许入坞移动的距离内搭载港口引航员。

(3)当以上的船舶下锚时,将在下锚处搭载港口引航员。

3. 引航员上下船的位置可以由行政部门根据海上交通和通行安全的需要改变。在此类情形下,行政部门将通知有关个人。

第五十四条 安全和海关检查

不得在交通分航制下进行安全和海关检查。不得在进行交通分航制的过程中进行安全和海关检查。但是,必要的安全和海关检查可以由在引航员上船位置、直达港口的航线、港口或制定的下锚处登船的官员实施。

第五十五条 健康检查

在恰纳卡莱海峡进行的健康检查可以在引航员登船之前,并在不影响航行安全的地点实施。

如果由于强制性的情形,健康检查不能在上述地点实施,则应在海岸和海滨健康主管部门和港务局确定的位置实施。

第五十六条 代理人的会面处

船舶可以与代理人保持少于1个小时的联系,从连接Kanlidere和Karanfil灯塔之间的线的南侧到他们交通分航线的右侧。

会面时间超过1小时,必须使用下锚位置。

第七部分 其他条款

第五十七条 违反和管理

除非相关的土耳其立法规定了更为严格的惩罚,《第618号港口法案》的惩罚条款将适用于违反这些规定的船主和海员。

第五十八条 生效

根据《土耳其共和国宪法》第一百一十五条、《关于建立和政府责任原则的第3046号法案》第三十七条、《第618号港口法案》第二条以及政府议会评论而制定的上述规定的条款将于1994年7月1日生效。

第五十九条 执行

上述规定条文的执行由政府理事会负责。

阿拉伯联合酋长国
United Arab Emirates

（英文文本截止于2010年8月6日）

外交部关于专属经济区及其界限的公告

（1980年7月25日）

1. 阿拉伯联合酋长国享有与其主海岸和与其在波斯湾和阿曼海中的岛屿的海岸相邻的专属经济区。

2. 阿拉伯联合酋长国的专属经济区应从测算阿拉伯联合酋长国主海岸及其岛屿海岸的领海的基线起算。

3. 阿拉伯联合酋长国的专属经济区应按照阿联酋成员国就其大陆架缔结的协议的规定确定。若阿联酋成员国尚未缔结上述协议，阿拉伯联合酋长国专属经济区的外部界限应及于其每点到基线最近点距离相等的中间线。

4. 阿拉伯联合酋长国得为勘探、开发、管理、发展和养护专属经济区内自然资源的目的对这些资源行使完全的主权权利。阿拉伯联合酋长国还得为监督在专属经济区内进行的科学研究并采取必要措施以保护海洋环境以及建造渔区所需要的结构、设施和人工岛屿的目的而享有对专属经济区的完全管辖权。

5. 除有主管机关的适当许可外，外国船舶不得在阿拉伯联合酋长国专属经济区内捕鱼。特别是，上述许可应包括有关支付许可费用，允许捕捞的鱼种，使用的捕鱼方法，许可的区域范围以及许可允许的捕捞限额的详细事项。

除阿拉伯联合酋长国渔区内有剩余生物资源外，任何情况下不得签发许可。

6. 阿拉伯联合酋长国对专属经济区行使的权利不得妨碍一般国家按照国际法规则行使的国际航行权。

7. 本公告不得影响阿联酋成员国之间有关各自领水的现状。

8. 在与相关部门的合作下，农业和渔业部应按照本公告的规定制作专属经济区划界的官方海图。在与相关部门的合作下，前述部门应采取必要行动出版和传播上述海图。

关于阿拉伯联合酋长国海洋区域划界的 1993 年第 19 号联邦法律

（1993 年 10 月 17 日）

本人，谢赫·扎耶德·本·苏丹·阿勒纳哈扬，阿拉伯联合酋长国的总统，

详细查看了：

《临时宪法》；

《关于部门和部长职权范围的 1972 年第 1 号联邦法律》及其修正案；

《关于外交部组织的 1992 年第 45 号联邦法律》；

在经国防部和外交部申请以及内阁同意并由联邦最高委员会批准下，

据此公布如下法律：

定　义

第一条

执行本法时，除非上下文另有要求，下述词语和用语应为如下所指定的意思：

“本国”是指阿拉伯联合酋长国；

“基线”是指测算领海的线；

“岛屿”是指四面环水并且在高潮时位于水面之上的自然形成的陆地；

“岛群”是指两个或两个以上岛屿及它们之间的水域组成的相互关联的地理和经济实体；

“低潮高地”是指在低潮时四面环水并高于水面，但在高潮时没入水中的自然形成的陆地；

“海湾”是指明显的水曲，其凹入程度和曲口宽度的比例，使其有被陆地环抱的水域，而不仅为海岸的弯曲；

“海岸”是指阿拉伯湾和阿曼湾；

“1 海里”是指 1852 米。

第一章　内　水

第二条

内水是指测算本国领海宽度的基线向陆一侧的水域。本国内水具体包括：

（1）位于海岸全长上的海湾的水域。

（2）距离大陆或本国所属岛屿不超过 12 海里的任何低潮高地的水域。

（3）本国大陆与距离大陆不超过 12 海里的任何本国所属岛屿之间的水域。

（4）本国所属岛屿之间的水域，这些岛屿之间的距离不超过 12 海里。

第三条

本国应决定进入其内水的条件，并对任何希望进入的船舶执行这些条件。

第二章　领　海

第四条

本国的主权及于其陆地领土与内水之外的领海、领海的上空及其海床和底土。本国应按照本法规定和国际法规则对领海行使主权。

本国的领海是指其陆地领土和内水之外的与其海岸相邻的一带海域。

第五条

1. 外国商船按照国际法承认的无害通过权规则应享有无害通过本国领海的权利。

2. 包括潜艇和其他潜水器在内的外国军舰进入和通过领海均应受本国主管部门先前许可的限制。

3. 潜艇和其他潜水器应在通过本国领海时在海面上航行并展示其旗帜。

4. 外国核动力船舶和载运核物质或放射性产品或其他本质上危险或有毒物质的船舶应事先通知本国主管部门其将进入和通过领海。

第六条

本国的领海应按照以下规定测算：

（1）朝向公海的大陆海岸或海岸的低潮线。在海岸线极为曲折的地方应适用连接本国主管部门确定的适当各点的直线基线方法。

（2）连接海湾入口的低潮标且不超过 24 海里的直线。如果海湾入口的宽度超过上述距离，直线应划在海湾内距离入口最近的距离不超过 24 海里的两个低潮标之间。

（3）在岛群的情况下，应从连接该群岛屿中最外缘岛屿的外部各点的直线测算。

（4）在港口或海港的情况下，应从与最外缘港口或海港设施的向海一侧相邻的线测算，并且在上述设施成为港口或海港体系的组成部分时，应从划在这些设施的外缘各点之间的线测算。

（5）当低潮高地的全部或部分与大陆或任何岛屿的距离不超过领海宽度时，该低潮高地可被用作测算领海的宽度的基线。

第七条

如果按照本法规定对领海的测算使专属经济区的某一区域完全被领海包围并且其向任何方向的延伸都不超过 12 海里，则该区域应成为本国领海的组成部分。上述规则同样适用于可以被一条不超过 12 海里的直线包围的专属经济区的任何区域。

第八条

领海的外部界限是一条其每一点到基线上最近点的距离等于领海宽度

的线。

第九条

在本国领海内捕鱼的权利应限于其国民。

第十条

本国为如下目的应在与领海毗连的区域内行使监督和控制:

(1)防止在其领土、内水或领海内违反其安全、海关、财政、卫生或移民的法律。

(2)惩罚在本国领土、内水或领海内违反本条第(1)款所指法律的行为。

第十一条

本法第十条所指的毗连区的宽度应为从本国领海的外部界限起测算 12 海里。

第三章 专属经济区

第十二条

受本法第二十二条、第二十三条和第二十四条规定的限制,本国应享有在领海之外并与领海相邻的,从测算领海宽度的基线向海一侧延伸不超过 200 海里的专属经济区。

第十三条

本国在专属经济区内应享有以勘探和开发、养护和管理海床上覆水域和海床及其底土的自然资源(不论为生物或非生物资源)为目的的主权权利,以及关于在该区内从事经济性开发和勘探,如利用海水、海流和风力生产能等其他活动的主权权利。

第十四条

本国在专属经济区内对如下事项具有管辖权。

(1)人工岛屿、设施和结构的建造和使用。

(2)海洋科学研究。

(3)海洋环境的保护和保全。

第十五条

专属经济区内的捕鱼权应限于本国国民。但本国主管部门可以按照所规定的条件和限制,在考虑生物资源养护措施的前提下允许非本国国民在专属经济区内捕鱼。

第十六条

沿海国行使其勘探、开发、养护和管理在专属经济区内的生物资源的主权权利时,可采取为确保其法律和规章得到遵守所必要的措施,包括登临、检查、逮捕和对船只进行司法程序。被逮捕的船只及其船员在提出保证或担保前不得被释放。在逮捕外国船只的情况下,应通知船旗国已经采取的行动。

第四章　大 陆 架

第十七条

受本法第二十三条第(2)款和第二十四条的限制,本国的大陆架包括其领海以外依其陆地领土的全部自然延伸,扩展到大陆边外缘的海底区域的海床和底土,如果从测算领海宽度的基线量起到大陆边的外缘的距离不到200海里,则扩展到200海里的距离。

第十八条

本国为勘探大陆架和开发其自然资源的目的,对大陆架行使主权权利。上述权利是专属性的,为本国专属享有,即任何人未经本国明示同意,均不得行使这些权利。上述权利并不取决于有效或象征的占领或任何明文公告。

前款所指的自然资源包括海床和底土的矿物和其他非生物资源,以及属于定居种的生物,即在可捕捞阶段在海床上或海床下不能移动或其躯体须与海床或底土保持接触才能移动的生物。

一 般 规 定

第十九条

本法有关大陆海洋区划界的规定适用于属于本国的岛屿的海洋区域划界。

第二十条

1. 在专属经济区和大陆架内,本国对如下事项有建造、操作和使用的专属权利：

（1）人工岛屿；

（2）为科学研究、保全环境的目的或其他经济目的的设施和结构；

（3）本国行使其权利所需要的设施和结构。

2. 本国对于上述人工岛屿、设施和结构享有专属管辖权，包括有关海关、财政、卫生、安全和移民的法律和规章方面的管辖权。

第二十一条

本国可于必要时在上述人工岛屿、设施和结构的周围设置安全地带，并可在该地带中采取适当措施以确保人工岛屿、设施和结构的安全。安全地带的宽度应由沿海国参照可适用的国际标准加以确定。这种地带的设置应确保其与人工岛屿、设施或结构的性质和功能有合理的关联。这种地带从人工岛屿、设施或结构的外缘各点量起，不应超过这些人工岛屿、设施或结构周围500米的距离，但为一般接受的国际标准所许可者除外。

第二十二条

本国主管部门应颁布有关如下事项的规则：

（1）在大陆架上或专属经济区内为勘探和开发其自然资源的目的建造、安装和操作设施、装备或人工岛屿，这些设施、装备不得安装在会妨碍通往大陆或干扰国际航行的地方。

（2）本法第二十一条所指的安全地带的设置。

（3）为保护设施和装备应遵守的指示。

（4）管理或防止船只进入安全地带。

（5）为保护专属经济区和大陆架的生物和非生物资源所应遵守的指示。

（6）环境、科学研究和技术转让。

（7）其他类似事项。

第二十三条

1. 如果本国领海与他国领海相向或相邻，本国领海的外部界限为中间线。

2. 在本国与其他相向或相邻的国家之间没有协议时，毗连区、大陆架和专属经济区的外部界限为一条其每一点都同基线上最近各点距离相等的中间线。

第二十四条

本国应当出版官方海图以准确标明领海、毗连区、专属经济区和大陆架的外部界限。

第二十五条

1. 本法的执行不影响在其颁布之前的为勘探和开发海洋区的生物和非生物资源的合同和特许权的有效性。它也不影响阿联酋因在其海洋区内开发生物和非生物资源而取得的宪法权利和其他权利，或因阿联酋成员之间作出的有关这些区域的协议或合同而可能取得的权利。

2. 本法的执行不影响在其颁布之前阿联酋成员之间作出的协议的有效性。阿联酋成员有权作出调整成员之间海洋界限的协议。

第二十六条

受国际法原则和规则的限制且不妨碍其他法律规定的更严厉的惩罚的实施或对损害的赔偿：

（1）对违反本法第五条规定的行为应被处以 3 年以上 7 年以下监禁和 10 万迪拉姆[①]以上 200 万迪拉姆以下的罚款，或单处其中一项。

（2）对违反本法第十三条、第十四条、第十八条和第二十条规定的行为应处以 3 年以上 5 年以下监禁和 5 万迪拉姆以上 100 万迪拉姆以下的罚款，或单处其中一项。

（3）对违反本法第九条和第十五条规定的行为应处以 1 年以上 3 年以下监禁和 2.5 万迪拉姆以上 100 万迪拉姆以下的罚款，或单处其中一项。

第二十七条

本法将发布在官方公告上并于发布之日起生效。

---

① 此为阿联酋货币单位“dirham”。

关于船只进入和离开阿拉伯联合酋长国海港的 1994年第34号公告

（1994年5月24日）

考虑到要管理船只进入和离开本国海港，为制定符合国内有效的法律和规章的规则以管理此种交通目的，发布指示。

据此，从1994年7月1日起，禁止船舶、巡洋舰、汽艇及其他海洋运输方式和海洋单位进入我国的领海和港口，除非根据国际习惯，它们持有法律规定所要求的证明文件。

上述证明文件中最重要的是：

（1）船只的注册和航行许可证书；

（2）货物或货运清单；

（3）船员名单和乘客名单。

为确定船员身份的目的，在进入本国港口时应使用海员的海事许可证。

考虑到紧急情况和气候条件，禁止巡洋舰在本国港口内下锚停泊超过72小时，禁止木质船只和汽艇在本国港口内下锚停泊超过21天。

越 南
Viet Nam

（英文文本截止于 2010 年 1 月 6 日）

关于领海、毗连区、专属经济区及大陆架的声明
（1977 年 5 月 12 日）

…………（原文如此——译者注）

3. 越南社会主义共和国的专属经济区为邻接领海的区域，从测算领海宽度的基线量起延伸至 200 海里。

越南社会主义共和国对专属经济区的水体、海床和底土，享有以自然资源的勘探、开发、养护和管理为目的的主权，而无论其为生物资源还是非生物资源；对该区域内的设施、装置以及人工岛屿的建造和使用享有排他性权利与管辖权；对该区域内的其他经济开发勘探活动享有专属管辖权；对该区域内的科学研究活动享有专属管辖权。此外，越南社会主义共和国还对该区域内海洋环境的养护与污染的控制及减少活动，享有管辖权。

4. 越南社会主义共和国的大陆架为领海以外，依本国陆地领土的全部自然延伸的，扩展到大陆边外缘的海底区域的海床和底土；如果从测算领海宽度的基线量起至大陆边外缘的距离不足 200 海里，则扩展至 200 海里。

越南社会主义共和国对大陆架所有自然资源的勘探、开发、养护和管理行使主权，其中包括矿物资源和非生物资源以及属于定居种的生物。

5. 根据本声明第 1 条、第 2 条、第 3 条和第 4 条的规定，构成越南领土部分的岛屿和群岛，在第 1 条中所涉的领海以外，拥有其自己的领海、毗连区专属经济区和大陆架。

6. 为遵守本声明之原则，与越南的领海、毗连区、专属经济区以及大陆架相关的具体问题，将根据维护越南社会主义共和国主权及利益的原则，并遵照国际法及实践，在规章中作出进一步规定。

7. 越南社会主义共和国将在相互尊重国家独立和主权原则的基础上，根据国际法和实践，与有关国家谈判，解决各国海洋区域及大陆架问题。

越南社会主义共和国关于领海基线的声明

（1982 年 11 月 12 日）

为实施越南社会主义共和国 1977 年 5 月 12 日公布并经国会批准的《关于领海、毗连区、专属经济区及大陆架的声明》中第一条的规定，越南政府对用以测算领海宽度之基线，作如下声明：

1. 用以测算领海宽度的基线，由连接附件所列之所有坐标点的直线组成。

2. 越南社会主义共和国的领海基线起讫点为点 0—— 该点为测算越南领海宽度的基线与测算柬埔寨领海宽度的基线的交汇点，位于连接 Tho Chu 群岛与威岛（Poulo Wai）的海面界线上，终止于昏果岛（Con Co）。越南的领海基线应由 1979 年之前越南人民海军公布的 1/100 000 比例海图所附的下列坐标点连接而成。

3. 北部湾（Bac Bo）又称东京湾（Tonkin），是位于越南社会主义共和国与中华人民共和国之间的海湾；两国在该海湾的海洋界线，依照 1887 年 6 月 26 日法国与中国清朝政府签订的边界条约划定。（中越北部湾海上边界已由 2000 年 12 月 25 日两国签署的《关于两国在北部湾领海、专属经济区和大陆架的划界协定》正式规定。因此越南本法本条款实际上已作废。—— 译者注）

属于越南的海湾部分构成历史性水域，受越南社会主义共和国内水管辖制度调整。

从昏果岛（Con Co）到湾口的基线，依下列海湾封口线问题的解决方法而定。

4. 用以测算“黄沙群岛”（Hoang Sa，即我国的西沙群岛 —— 译者注）和“长沙群岛”（Truong Sa，即我国的南沙群岛 —— 译者注）领海宽度的基线，应按照越南社会主义共和国 1977 年 5 月 12 号声明中第五条规定的方法划定。

5. 越南社会主义共和国内水由基线向海岸或越南岛屿一侧的海域组成。

6. 越南社会主义共和国主张，在不同海域及大陆架问题上与相关国家的所有分歧，均应在相互尊重国家独立和主权的基础上，并依照国际法和实践通过谈判解决。

1982 年 11 月 12 日，河内。

附　件

确定据以测量越南领海的领海基线的坐标点

（越南社会主义共和国政府 1982 年 11 月 12 日声明的附件）

越南社会主义共和国和柬埔寨人民共和国的历史性水域的界线西南段

编 号	地理名称	纬度（北纬）	经度（东经）
A1	在 Nhan 岛，ThoChu 群岛，Kien Giang 省	09°15′0″	103°27′0″
A2	在 DaLe 岛，位于 Hon Khoai 岛的最南端，Minh Hai 省	08°22′8″	104°52′4″
A3	在 Tai Lon 小岛，Con Dao 岛，Con Dao Vung Tau 行政区	08°37′8″	106°37′5″
A4	在 Bong Lang 小岛，Con Dao 岛	08°38′9″	106°40′3″
A5	在 Bay Canh 小岛，Con Dao 岛	08°39′7″	106°42′1″
A6	在 Hon Hai 小岛 (Phu Quigroup)，Thuan Hai 省	09°58′0″	109°05′0″
A7	在 Hon Doi 小岛，Thuan Hai 省	12°39′0″	109°28′0″
A8	在 Dai Lanh 角，Phu Khanh 省	12°53′8″	109°27′2″
A9	在 Ong Can 小岛，Phu Khanh 省	13°54′0″	109°21′0″
A10	在 Ly Son 岛，Nghia Binh 省	15°23′1″	109°09′0″
A11	在 Con Co 岛，Binh Tri Thien 省	17°10′0″	107°20′6″

也门
Yemen

（英文文本截止于2010年8月13日）

1977年领海、专属经济区、大陆架和其他海域法案
（1977年12月17日，第45号）

以人民的名义，

总统会议主席，

审查了有关共和国的领水及大陆架的1970年宪法第八号法令第三条、第十六条、第九十一条，1975年第15号法令，有关授权开采石油和矿物的1976年第25号法令，1970年第18号法令，1977年第28号法令；

遵照经议会批准的部长会议决议；

经总统会议同意；

颁布下列法律：

第一节　名称与定义

第一条

本法称为《1977年领海、专属经济区、大陆架和其他海域法》。

第二条

本法中除另有说明外，下列用语均按以下意思解释：

“共和国”系指也门民主人民共和国；

“总理”系指也门民主人民共和国部长会议主席；

“海岸”系指按照共和国官方承认的地图，面向亚丁湾、曼德海峡、红海、阿拉伯海和印度洋的也门民主人民共和国大陆和岛屿的海岸线；

“内水”系指测算领海的基线向共和国大陆和岛屿的陆地领土一侧的水域；

“大陆架”系指在领海以外依共和国陆地领土的全部自然延伸，扩展到大陆边外缘的海底区域的海床及其底土，如果从测算领海宽度的基线到大陆边外缘的距离不足 200 海里，则扩展到 200 海里；

“毗连区”系指共和国领海以外并邻接共和国领海按本法第十一条规定的水域；

“海湾”系指海岸线上或海上陆地凸出处的任何水曲、入口、峡湾或小湾；

“低潮高地”系指低潮时四面环水并高出水面而在高潮时没入水中的自然形成的陆地；

“海洋环境污染”系指人类直接或间接地把物质或能量引入海洋环境，以致破坏生物资源、危害人类健康、妨碍包括捕鱼和海洋其他合法用途在内的海洋活动、损害海水使用质量和减损环境优美等有害影响；

“海里”系指 1852 米。

第二节　领海及毗连区

第三条

共和国主权及于领海及其海床、底土和上空。

第四条

领海系内水以外、延伸至从直线基线或从共和国官方承认的大比例尺海图所标明的沿岸低潮线量起向海 12 海里的距离。

第五条

测算共和国领海的基线应按下述规定：

（1）在完全面向海洋的海岸的情形下，按沿岸低潮标划线。

（2）在位于环礁上的岛屿或有岸礁环列的岛屿的情形下，按礁石的低潮线向海划线。

（3）在面向海洋的海湾的情形下，在海湾入口处两端陆地间划线。

（4）在港口或港湾的情形下，沿最外部的港湾设备或港外锚地向海一侧划线，亦可在这些设备最外端之间划线。

（5）在有距离海岸不超过12海里的低潮高地的情形下，从该高地低潮线划线。

（6）在海岸线极为曲折的地方，或如果大陆沿岸有一系列岛屿，则为连接各适当点的直线基线。

第六条

1. 外国船舶享有无害通过共和国领海的权利。这种通过只要不损害共和国的安全、完整和独立，即属无害。

2. 外国船舶、潜水艇或潜水器在领海从事下列任何活动，其通过不得视为无害：

（1）凡对国家主权、领土完整或独立进行武力威胁或诉诸武力。

（2）凡进行任何种类的操练或演习。

（3）旨在搜集情报损害共和国的防务或安全的任何行为。

（4）在船上起落或搭载任何飞机或军事装置。

（5）违反移民、安全、海关、财政或卫生的现行法律和规章而装卸任何货币、人员或商品。

（6）任何损害人类健康、生物资源或海洋环境的故意和严重的污染行为。

（7）勘探、开发或钻探可再生或不可再生的自然资源的任何行为。

（8）进行任何测量或研究活动。

（9）旨在干扰任何通信系统或任何其他设施或设备的行为。

（10）与通过无关或旨在妨碍国家航行的任何活动。

第七条

1. 外国军舰，包括潜水艇和其他潜水器，驶入和通过领海，应经共和国主管机关事先批准。

2. 潜水艇和其他潜水器在通过领海期间，须在海面航行并展示其旗帜。

第八条

外国核动力船舶或载运核物质或任何其他放射性物质或材料的船舶，应事先将其驶入和通过领海的信息通知共和国主管机关。

第九条

主管机关有权在领海采取一切必要措施，以防止非无害通过；如果公共利益需要，亦有权暂停一切或某些外国船舶驶入领海的特定区域，但该区域以公告中事先说明为限。

第十条

外国船舶在领海行使无害通过权，应遵守共和国现行法律规章和国际法规则，特别是运输和航行方面的法律和规章。

第十一条

毗连区的外部界限为一条其各点均同以上第四条所述基线最近点相距24海里的线。

第十二条

共和国当局有权在毗连区实行必要的管制，以：

（1）防止在其领土或领海内违反其安全、海关、卫生和财政的法律和规章的任何行为。

（2）惩处违反上述法律和规章的行为，无论该违反行为是在其领土还是在领海所犯。

第三节　专属经济区

第十三条

共和国拥有专属经济区，其宽度从测算本法第四条所规定的领海基线量起200海里。

第十四条

在专属经济区，包括其海床、底土和水体，共和国享有：

（1）以养护、勘探、开发和管理专属经济区内可再生和不可再生的自然资源，包括利用海水、海流和风力生产能为目的的专属的主权权利。

（2）对建造、维持、操作和使用未勘探和开发共和国的专属经济区所必要的人工岛屿、设施、设备和其他结构的专属权利和管辖权。

（3）对保全和保护海洋环境与防止、控制、减少海洋污染的专属管辖权，以及对准许、规定和控制科学研究的专属管辖权。

（4）国际法承认的其他权利。

第十五条

共和国在不损害其权利的情况下，保证专属经济区内的航行自由、飞越自由和铺设海底电缆和管道的自由。

第四节　大陆架

第十六条

共和国主管当局，除其他外，在大陆架上可：

（1）勘探、开发、管理和养护其自然资源。

（2）建造、维持、操作和使用为勘探和开发共和国的大陆架所必要的人工岛屿、设施、设备和其他结构。

（3）规定、准许和控制科学研究。

（4）保全和保护海洋环境，控制和减少海洋污染。

第五节　海洋界限

第十七条

1. 共和国与任何海岸相邻或相向国家间的领海、毗连区、专属经济区和大陆架的海洋界限，应通过与该国的协议划定。

2. 在共和国同任何与其海洋相邻或相向国家之间达成划定海洋界限的协议之前，领海、毗连区、专属经济区及大陆架的界限不得超过一条其每一点均同测算共和国与该国各自领海宽度的基线上最近各点距离相等的中间线或等距离线。

第六节　岛屿领土

第十八条

共和国的每一岛屿,均拥有自己的领海、毗连区、专属经济区和大陆架,并适用本法的一切规定。

第七节　一般规定

第十九条

在行使对领海、专属经济区和大陆架的主权权利和管辖权时,共和国有权采取旨在确保其法律和规章施行的一切必要措施。

第二十条

任何外国人(自然人或法人)均不得勘探和开发共和国领海、专属经济区和大陆架的可再生和不可再生的自然资源,不得从事任何探矿、钻探或调查作业,不得进行任何科学研究或探矿钻探、建造或维护任何人工岛屿、站(还有设施)、装置或结构,亦不得为任何目的进行任何作业或维护工作,除非为此目的与共和国达成有特别协议或从其主管机关获得特别许可。

第二十一条

在不妨害任何其他法律规定的任何更为严厉的处罚情况下,违反本法规定或根据本法颁布的规则和规章的任何人,均应处以 3 年以下监禁或 1 万第纳尔以下的罚款,但法院亦可下令没收。

第二十二条

造成损害人类健康或共和国内水、领海或专属经济区的海洋环境生物资源的任何人,均应处以 1 年以下监禁或 5000 第纳尔以下罚款。

如果这种污染造成严重损害,则应处以 3 年以下监禁或 1 万第纳尔以下罚款。

第二十三条

总理应颁布实施和解释本法的决定和规章。

第二十四条

为本法的目的，凡与本法规定，特别是与 1970 年第 8 号法律和 1972 年第 2 号法律相抵触的文件，均应予以废除。

第二十五条

本法令应于 1978 年 1 月 15 日生效。

第二十六条

本法令应在政府公报上公布。

Salem Rubayie Ali
总统委员会主席

在总统府内完成，回历 1398 年 1 月 8 日，即公元 1977 年 12 月 17 日。

图书在版编目(CIP)数据

世界海洋法译丛. 亚洲卷 / 张海文, 李红云 主编. —青岛：
青岛出版社, 2017.12
ISBN 978-7-5552-6259-6

Ⅰ. ①世… Ⅱ. ①张… ②李… Ⅲ. ①海洋法 – 亚洲
Ⅳ. ①D993.5

中国版本图书馆CIP数据核字(2017)第314247号

书　　名　世界海洋法译丛·亚洲卷
主　　编　张海文　李红云
出 版 人　孟鸣飞
出版发行　青岛出版社(青岛市海尔路182号,266061)
本社网址　http://www.qdpub.com
责任编辑　宋来鹏
封面设计　张　晓
照　　排　青岛新华出版照排有限公司
印　　刷　青岛国彩印刷有限公司
出版日期　2017年12月第1版　2017年12月第1次印刷
开　　本　16开(710mm × 1000mm)
印　　张　18
字　　数　300千
书　　号　ISBN 978-7-5552-6259-6
定　　价　180.00元
编校印装质量、盗版监督服务电话　4006532017　0532-68068638